解读中西误会　共创全球和谐

金光大国

张伟杰 ◎著

亲历中国金属大国崛起

CHINA'S EMERGENCE TO METALS POWER
My 35 years in international trade with China
For Sino-West longterm friendly win-win cooperation

目 录

自 序 ·· 1

第一篇　人类文明标志——铜

传热导电　传史导世 ·· 1

　　第一章　青铜时代　开创文明 ·································· 3
　　第二章　伦敦期铜　现代金融 ·································· 8
　　第三章　铜王访华　供求配合 ································ 14
　　第四章　开荒十年　化危为机 ································ 22
　　第五章　中国金属　震惊世界 ································ 27
　　第六章　中华精英　克难创业 ································ 34
　　第七章　中国需铜　全球第一 ································ 42
　　铜篇后记 ·· 48

第二篇　新世界新金属——铝

举重若轻　举例普适 ·· 51
　　第一章　新金属铝　现代文明 ································ 53

第二章	法使特请	解释误会	58
第三章	法铝助中	发展铝业	66
第四章	工商管理	中西差异	75
第五章	西方救铝	供中借鉴	81
第六章	轻装高速	西渐中劲	87
第七章	中国产铝	世界第一	95

铝篇后记 ………………………………………… 100

第三篇　亲历金属世界贸易

试析中西人文误会………………………………… 103

第一章	四大发明	和平证明	105
第二章	中华文明	长生秘诀	112
第三章	法治原罪	德育本善	120
第四章	阳刚阴柔	中西调和	127
第五章	看全球化	显利隐患	134
第六章	资源有限	环保无疆	145
第七章	中西合作	世界大同	151

后　记……………………………………………… 160

自 序

20世纪的中国经历十年浩劫,人均金属量全世界最少。然而,东方"神龙觉醒",中国终于腾飞。改革开放以来,中国经济持续高速增长,成为金属生产和消费大国。

亲历中国金属大国崛起

笔者有幸在中国改革开放前考进西方金属龙头公司,先后在英国、美国、法国等国际大公司主管远东分公司,开展当时的新兴专业"对华贸易"。西方国际集团开拓东方各国市场商务,往往是先选择日本再韩国然后东南亚,我们也是如此,从零开始。衷心感谢中国改革开放后经济贸易突飞猛进,我们分公司业务也随着后来居上,逐步超过亚太各国分公司,最后荣登而且一直蝉联我们集团全球分公司榜首。

我们对华贸易,开始主要采购中国出口的钨、锑、钒等稀少矿产,先让中国"创汇"后才能从西方运销中国紧缺的铜、铝、镍等基本金属。买卖交易,历来难免双方讨价还价。由于中西国际贸易,双方国家政治、经济体制、贸易法规、思想意识、文化素质、感情风格等等，都是相差甚远。而且大宗金属商品交易，市场根据伦敦金属交易所法规运作以美元计价，价格总是随行就市不停变动，但价格全球公开导致利润微薄。假如买卖双方坚持零和博弈，交易就会一拍两散。幸亏我们中西双方克服分歧，缩小差别，存异求同，才能最后签约成交。国际贸易本来就不应该是零和博弈，我赢你输；恰恰相反，唯有双方诚信、互惠互利，才能长期友好、合作双赢。

中国刚对外开放时，我们就邀请西方镍、铝、铜等金属龙头厂矿集团总裁访问北京，会晤中国相关部门领导。双方均是金属行业顶尖领袖，但却从未踏足对方国土，更不会讲对方的语言，都由我们对华贸易分公司发起组织这种破冰之旅：事先筹组老总亲自率团出访，从最初的邀请电报、申请签证开始到介绍双方握手"幸会"再到高手谈判，克难攻坚最后签约成交；然后跟进合同具体执行，直到交货付款全部履约。对华贸易专业职责之一，必须精确翻译双方对话。然而，双方起初的想法差距如此之大，死板翻译往往会产生巨大分歧甚至对立；我们必须**积极促进双方沟通了解，主动澄清消除误会误解，正面引导缩小分歧差距，创新灵活变通以求同存异，才能克难攻坚争取最后签约成交**。中西老总支持我们加倍努力，至少一半时间让我们促进双方沟通了解。我们中西双方：从零开始，逐渐创立相互诚信、互惠互利；从小到大，每年约会认真谈判艰难成交；越做越大，多年交往中西方老总率领代表团相互登门拜访，小结旧约经验教训，续签更大数额、更长年期新约；后来居上，逐步超越亚太邻国，成为金属国际贸易的龙头，长期友好合作的伙伴，甚至成为个人的知交老友。

中西老友同事好多次谆谆嘱托我，写出这段中西合作双赢共进的历史篇章："你是最佳人选：生于上海，移居香港，亦文亦商、亦师亦友，长期服务伦敦、纽约、巴黎总公司；亲身经历金属世界中西领袖双方努力合作，获得成功历史，你都是亲眼目睹真相、亲耳聆听内幕、亲自体验心情；主管集团远东分公司行政商务，包括东南亚财务，兼顾我们多项中外合资企业。香港又是东方之珠，中西文化荟萃，官方法定语言中英对照；你身处中国传统历史文明和西方现代法规之间，客观开放、公平和谐、融会贯通、相得益彰。"

正是中西老友的谆谆嘱托，鼓励鞭策我虽临近退休，重执秃笔，撰写本书。首先感恩天时地利人和：时逢世界空前和平安定繁荣的历史机遇，地处改革开放伟大复兴大国崛起的中国，缘随中西金属世界领袖友好合作而长期共赢。衷心感谢中西双方众多同事老友和客户，同甘苦、共危难，齐心协力，破冰开荒；从零开始，扭亏为盈，从小到大，后来居上；紧抓史无前例的机遇，力克中西贸易艰险，共创金属历史辉煌。如果没有他们，当然就根本没有本书，及其铭记的心路历程。

金属世界跨三世纪巨变

聘请我主管远东地区商务贸易的西方工贸国际公司，是当时铜、铝、镍等金属工业贸易的领袖集团，都已经有数百年的悠久辉煌历史，具体体现了金属世界跨三世纪的开天辟地创新巨变。

英国工业革命真正开始了基本金属现代概念的大规模工业生产和大规模商业消费。1877年，布伦戴士（Brandeis）等12家世界主要金属商行创立伦敦金属交易所，开创了人类最古老金属铜等商品期货的全球交易中心，促使伦敦成为世界工业和国际贸易的全球中心，促进大英帝国向全世界开发矿产开拓市场而成为空前超级大国"日不落帝国"，促成19世纪堪称"英国世纪"可谓实至名归。

法国普基（Pechiney）冶金厂炼出人类第一块新金属纯铝，到1886年与美国发明电解法使铝冶炼工业及商业生产得以发轫。铝成为现代世界生产贸易量最大而且消费应用最广泛的有色金属商品。法铝普基集团领先全球研究开发创新铝材，在欧美两大洲革新现代高层建筑、先进高速交通、密封高档包装三大当时的新兴行业。20世纪美国经过两次世界大战，逐步赶超战乱不休的欧洲，取代英国成为超级大国，也成为世界铜铝等金属生产和消费大国，20世纪可谓"美国世纪"。

中国从唐朝"丝绸之路"到明朝"七下西洋"，曾创造占全球1/3国民生产总值的辉煌历史，近三世纪才封闭落后。但改革开放以后中国经济迅速复兴，赶超欧美西方，成为金属世界最大的钢铁铝锌铅锡金银生产国和钢铁铜铝锌铅镍锡金银消费国，世界的大工厂、全球的大市场。西方已称21世纪为"中国世纪"：中国的国民生产总值逐步越过法国、英国、德国，2010年超过日本，仅次于美国。而中国仍强调只是发展中大国，按人口平均计算国民收入只是发达强国的1/10,尚需很多年持续发展才能逐步接近发达国家。与此同时,大势所趋,基本金属的生产工业和消费市场,也从欧美发达国家逐渐转移到亚非拉太的发展中国家。

我有幸亲历,带领我们远东分公司为金属工贸领袖集团开展对华贸易:70年代起为伦敦金属交易所创始圈内会员布伦戴士金属集团开创对华贸易;80年代起引进世界铝首创者法铝普基领先全球先进技术,协助中国后来居上世纪更新成为全球最大铝生产国;90年代起零的突破独家直销世界最大铜厂智利国铜,协助中国高速增长解决紧缺资源千禧递嬗成为全球最大铜消费国。

我们衷心感谢中国称赞我们真诚协助中国金属工业和国际贸易的发展,而我们专业团队也随着中国改革开放大国崛起与时俱进。从过去金属世界领袖集团工贸技期结合成为中国进口铜铝供应龙头,到后来英美主要银行支持我们金属国际贸易专业服务,更好发展大中华客户用户和世界主要生产厂矿长期友好合作:主动发挥中国经济持续增长已是全球大工厂的蓬勃商机,积极善用中国工业升级转型已成世界大买家的巨大优势,创新迎接中国消费日益庞大已经紧缺金属资源必须确保供应的严峻挑战,互通互补、互惠互利,共存共荣、共赢共进。

古今(中西)多少事,都付笑谈中!

今届退休,我从过去人在商界公务繁忙,到退休后有暇清理以前资料。抚今追昔，记忆犹新，市场盛衰，历历在目；但也不禁感叹中国文学名著《三国演义》卷首名词"古今多少事，都付笑谈中！"所以何必拘泥过往的细枝末节，以免影响现在博览群书的雅趣。我越发感到：**如今全世界都在讲要促进全球和谐，尤其是中西合作。然而为了实现这个愿景，我们中西双方首先必须澄清许多中西误会，包括历史文化差异和现代价值观，才能真正相互沟通了解，切实求同存异，诚心合作共赢，达成全球和谐。**

我把构思写成导引，强调本书绝对不是个人自传，更不是中西金属贸易专著。谨此说明是亲自经历、亲身体会、亲切实例，从而抛砖引玉，敬请高明共同解读中西为何误会，才能集思广益、群策群力，共同促进中西和谐。比较而言，个人姓名并非必不可少，我既遵守国际公司严保个人隐私权利并严禁为个人做宣传广告，又杜绝西方纪实文学所厌恶的"依靠大人物之名沾光"，更避免中方写人所忌讳"隐恶扬善"。特将书中人物尊称为"中国部长"、"西方总裁"，甚至简称"中方"和"西方"，更能体现代表共性。而正是这种共性才是金属行业数万专业人士，数百万行业工友，甚至数亿消费大众所关注的焦点、关心的主题和兴趣所在。最后，由此试析中西历史文化差异、诠释中西价值观念误会，值此美欧金融债务危机、全球经济衰退之际，探讨经济工贸全球化和商品价值虚拟化等问题，足以启示我们：

中西双方，同住一个地球村，数万年来本属同一起源，数千年来各自演变进化，数百年来西方工业革命狮驰鹰扬，数十年来东方贸易出口龙腾虎跃。然而近年来，无论中西各方，无限竞争扩张本国经济，过分滥用地球有限资源，继续高能消耗高碳排放，已经日益污染世界生存环境，日渐破坏全球生态气候。我们中西各方必须同舟共济、真诚合作，才能在同一个地球上，和谐发展、互惠互利、共存共赢。

张伟杰 2011 年秋于香港

第一篇
人类文明标志——铜
传热导电　传史导世

（中国超过西方成为金属消费大国）

第一章　青铜时代　开创文明

青铜冶炼与城市聚居、神庙祭祀和语文记载，共列为人类6000年前，走出史前原始石器洞穴，进入青铜时代冶金文明的四大标志。

铜元素符号Cu，源自拉丁文单词Cuprum，词义为"来自塞普鲁斯"地中海岛，这里正是古代世界主要铜产地。古希腊罗马人在此开采自然铜金属矿块，再挖周围的硫化铜矿石，熔炼成含锡5%～15%的铜合金——青铜。青铜熔点很低，容易炉火粗炼，延展性高，方便铸成器具。强硬的青铜工具提升人类生产力，从美索布达米亚到埃及到希腊到罗马，开辟出通达大道和海上交通（西方最古谚语"条条道路通罗马"），兴建起巍峨神殿和繁华城市（又一西方古谚"罗马并非一日建成"），雕刻成精美巨像和历史丰碑，创造了灿烂辉煌的地中海古文明。锋利的青铜刀剑，指挥勇武的古罗马大军，沿着笔直的古罗马大道，征服列国，开辟了人类历史上第一个超级大国——古罗马帝国，横跨欧亚非三大洲。

中华民族早在6000年前就进入到青铜时代。中国陕西省临潼姜寨"仰韶文化"遗址出土早期铜片，考证为公元前4700年，号称"中华第一铜"。据《史记·封禅书》记载："黄帝采首山之铜，铸鼎于荆山之下。"河南偃师二里头遗址出土的早期青铜刀剑酒器，考证为距今5000年。河南安阳商朝殷墟出土司母戊大方鼎，高阔逾米，重875公斤，考证为公元前1300年。（有比较才有认识：德国1937年及美国1950年分别申请金属铜表面镀铬技术专利；公元前数百年中国秦朝兵马俑刀剑甚至春秋末期越王勾践剑早已实际使用铜剑镀铬工艺。）中国铜陵，自古以来就是中国采矿炼铜的首府，始于商周，盛于汉唐。唐代大诗人李白在此写下了生动描绘炼铜的千古佳句："炉火照天地，红星乱紫烟"，"铜井炎炉歊九天，赫如铸鼎荆山前"，形象描写了铜陵冶炼的壮丽景色和宏伟场面。中国江西德兴，历来号称"金山银河铜都"，富有铜矿。北宋湿法采铜家江西德兴人张潜，在此总结当地采矿产铜实践经验，写成了专著《浸铜要略》。

罗马帝国打败迦太基，战胜腓尼基，征服西班牙。其西南角山区蕴藏丰富铜矿，地表所含铜铁使土色发红，因此得名红山（Rio Tinto）。（现代矿业霸主以此命名，中文音译"力托"集团公司）。红山铜金银铁共生矿历经3000年开采，如今遗留240多米深1200多米宽大坑。坑壁保存古罗马人所建坑道和竖井遗迹，以及装着青铜车轴的抽水车，供金属行家凭吊缅怀西方开采铜矿开天辟地历史，让世界旅客参观游览西欧工业革命改天换地遗址。

古代腓尼基人首次环绕非洲航行，赌胜埃及法老王。近代西班牙人发扬光大航海探险传统，追随哥伦布和麦哲伦远渡重洋，探索海角天涯，发现新大陆，开拓新天地。包括开发美洲铜矿：北美洲犹大州铜矿；中美洲墨西哥铜矿；南美洲智利大铜矿，尤其是全行著名的"（西班牙）上尉"深井逾百年矿山，与举世闻名的"大坑"丘基卡马塔露天矿，主力奠基智利国家铜业公司（简称智利国铜），成为20世纪全球最大铜生产厂矿，出口铜跨洋过洲运销全世界。

20世纪80年代，我与中国金属总部签订铜精矿长期供货大合同，邀请副部长率领中国代表团访问我们法铝集团布伦戴士公司美洲铜部，登门拜访智利国铜，实地考察著名上尉铜矿。我们穿上矿工安全制服帽靴，坐上数百人大电车上山，换乘数十人升降机下井，再换中机，最后小机，下到世界最深2000米铜矿井底。中国副部长是老行尊，告诫我们每下矿井务必先行行规："撒尿井底才能避邪"，于是我们对着坑壁排开准备解裤链……但被智利主人阻止："对不起，绅士们，绅士厕所转弯就是。"竟是明亮干净空调现代化厕所。我半开玩笑地问副部长："我们这算不算遵守了行规？"他笑答："当然算，但这西方矿井与中国矿井真有天渊之别。"中国改革开放发展厂矿包括深井矿，获得了空前巨大成就，但也频生不幸矿难。

2010年末，智利铜矿严重塌矿，智利总统中断重要外访立即回国赶赴现场，组织国内外最先进专业抢救矿工。事先预备安全"避难所"：50平方米储备饮食原来33人只够2天。其间民主平等"共生存"：工头不分主次老壮说服全体同意合作，平均配给最少饮食——每人每天一小口水、几片小饼干、两条罐头小砂甸鱼，以求集体最长维生17天。获得输管供给饮食后立即恢复正常生活规律：每天三餐加下午茶，坚持健身娱乐，包括看他们最爱的足球比赛录像，同唱国歌共度国庆；井上守候家属妻小亲友同事输下片纸只言爱心关怀鼓励支持。最后周全抢救"救生舱"：确保33名矿工幸存700米深井底70天，保健减肥进舱，全体获救生还，工头最后上来；甚至在媒体高价邀请独家影视专辑时，全体联签律师信"有难同当，有福同享，有利同分"。我们加入全球同行，衷心祝贺矿业矿工战胜矿难的世界纪录。

* * *

自从6000年前地球人类进入青铜时代冶金文明以来，历经近代300多年西方工业革命机械化电动化开天辟地迅速演进，再到千禧递嬗东方中国改革开放30多年市场化全球化改天换地突飞猛进：

铜——熔点很低便于冶炼，延展性高，易铸器具，强硬防锈，经久耐用，所以自然而然不仅是人类最早发现利用的金属，而且历史最久、应用最广、数量最多：青铜工具武器、酒爵食簋、雕刻神像、装饰礼器、青铜钱币等等，数不胜数。

铜的最大优点是传热导电，比其他物料更高效节能，因此启迪西方工业革命关键突破：从英国物理机械化量变，经法国化学转化质变，到美国电气现代化速变。铜作为最基本的原料加工成电线电缆网，安装进所有现代化建筑住房；制造成各式各样的电器电机进入全球百国千城万楼亿户：电灯、电扇、电话、电视、电脑等等。铜管加工成最佳热交换器装进电热炉、电冰箱、空调机等等，尤其是发动机用来制造成汽车、火车、轮船、飞机等等，从头开创电动化自动化，发展促进现代化全球化，空前加速电脑化网络化。

现代人也许忽略了绿色金属铜的另一优点——杀菌保健：铜接触水后形成致密氧化物和碳酸盐保护层，使细菌病毒难以生存或渗透。古今中外多用铜器爵饮鼎食；迄今传承铜锅美食：西欧奶酪锅，北京东来顺涮锅，上海暖锅，四川麻辣火锅，广东打边炉，印度咖喱锅。法国酒庄用铜盐防治葡萄树病菌，才能酿出传史佳酿葡萄美酒。英国科学研究证明饮食头号病菌大肠杆菌，在不锈钢厨具表面可生存两个月，但在铜锅表面4小时就死亡。世界卫生组织最近国际研讨会，确认美国三大医院代表建议，改用铜制医疗用具减少深切治疗部90%病菌感染。铜饮水管不仅安全卫生杀菌保健，而且使用寿命比镀锌铁管长3/4倍。全球用铜1/3以上，已经基本形成市场回收废铜机制，回炉再生，循环使用，节省资源，保护环境。

第二章 伦敦期铜 现代金融

英国工业革命真正开始了现代概念的大规模生产和大规模消费，促进大英帝国向全世界开发矿产开拓市场而开辟成空前超级大国"日不落帝国"，促成19世纪堪称"英国世纪"可谓实至名归，促使伦敦成为世界工业和国际贸易的全球中心。

当时，伦敦签约订购最基本金属铜，最快汽船在主要产地智利装铜，从南美洲太平洋岸必须绕道麦哲伦海峡，纵穿整个大西洋，才能航行到欧洲，需时整整3个月才能运抵伦敦。届时市场价格可能升高跌低，甚至暴涨剧跌，所以必须在买进现货同时，对冲3个月期货，才能套期保值。铜金属国际贸易迎合市场需求，与时俱进，从简单实货零单买卖，发展成长单整年合同逐月交货，最后到标准商品期货，既可日常交易，又能套期保值。

1877年，布伦戴士等12家世界主要金属商行创立伦敦金属交易所，成为创始圈内会员。铜是第一个交易的金属期货，而3个月期铜最受欢迎，就是为智利装铜到伦敦3个月交货套期保值。

130多年后的今天，虽然现代化先进快速集装箱船，从智利通过人工开辟的捷径巴拿马运河，大幅缩短航程只需3周就到伦敦，但最多人做最大成交的金属期货，仍旧是3个月期铜。

伦敦金属交易所六大基本金属——铜、铝、锌、铅、镍、锡——因其日常工业商业广泛大量流通应用，同时每日随时报价，随行就市天天交易，也总称日常金属。（再加贵金属金和银，共八大商品期货金属）能在伦敦金属交易所等全球各大期货交易所交割兑现投资保值，又泛称投资工具或融资载体，成为现代金融组成部分。时至今日，全球六大基本金属期货交易的80%，仍集中在伦敦金属交易所。

每年10月伦敦金属交易所年会，全球铜铝锌铅镍锡和金银等金属行业主要厂矿、用户、贸易商、期货经纪、仓储运输等物流公司、各大银行、投资银行及各大基金等万商云集。整周从早到晚排满各种约会：早餐会、登门拜访、市场分析、信息交流、期货培训、午餐会、每年长单回顾前瞻、招待会、鸡尾酒会、晚餐会，甚至通宵交谈等等。整周焦点当然是交易所年宴大会，人数众多，礼服隆重，议程传统，场面壮观。主会场设在海德公园旁伦敦最大的格罗浮纳宾馆大宴会厅，宴开数百席，宾客数千人。主席台齐集金属世界顶尖领袖，选邀当年风云人物为贵宾作专题演讲。

英国盛行小赌怡情娱乐（赌场、赌马、赌球赛、赌天气，甚至赌国家领袖选举结果），也让金属行家忙里偷闲小试牛刀，赌猜贵宾演讲多少分钟：每席10人，每人10镑，最接近者，独赢百镑。由不得你不信英谚"新手好运"：当年我们法铝集团主席作贵宾演讲，我们上海办事处铜业经理带主要客户（上海交易所第一代"红马甲"交易员）得偿心愿初次与会大开眼界，问我应当博长还是赌短？我答法国人注重外交礼仪也许礼多话多，他们就选了最长时间，果然喜获博彩！

伦敦金属交易所年会主客双方，80年代前几乎清一色西方绅士，黑色礼服、白色衬衫，黑白分明；很少黄皮肤东方人，屈指可数的日本人，几乎没有中国人。80年代后渐多淑女，衣香鬓影，翩翩而来。改革开放后，中国来宾逐年增多，女士比例更高，但不习惯西式礼服裙袒胸露背，索性改穿中式大红旗袍，抢镜醒目。西方主人表示欢迎，还带西式幽默："西方世界经济衰退一片黑色中，你们的红色中装，生动体现了中国经济飞速增长的耀眼亮点。"

讲到颜色，中西观点不仅差异，而且往往绝对相反。金属行家必须随时随地查看市价升跌变化，在中国电视和上海交易所看红色代表升而绿色代表跌；但在西方电视和伦敦交易所却恰恰相反绿色是升红色是跌。中西双方行家全都投诉抱怨：为何不能统一，偏偏混淆视听，看得眼花头昏，甚至晕头转向，引起失误。历史传统惯例，约定俗成，习以为常：在西方，红色警示血、血腥伤亡、红灯区、赤字亏损、价格下跌，甚至红色恐怖，所以红灯标志停车及禁止；而绿色象征草木森林、健康卫生、成绩盈利、价格上升，甚至急救生命，因此绿灯标志通车及安全。但在中国，红色发扬传统红双喜庆结婚开业，又光大现代革命红旗横幅标语，如今彰显价格上升；而绿色意味青涩孬果甚至青楼妓院或戴绿帽，如今表示价格下跌。

还有黄色，在西方蔑视低级色情黄色书刊；但在中国黄土黄河发源黄种人，最崇拜中华民族人文始祖黄帝，故而明黄色只供皇帝皇家专用，御赐黄马褂褒奖高官大将丰功伟业，所以只有皇宫太庙才准建成黄瓦红墙。再有黑、白、蓝色，中国历来普通平民男女老少日常内穿白衫外套黑衣，原色易洗耐穿；解放后全部一律改穿蓝色"解放装"，被西方形容为"中性装"。改革开放后，中国制衣服装出口全世界，中国人衣着也日益光鲜丰富多彩，但似乎潜意识不知不觉减少了黑、白、蓝色。现在走向世界尤其西方，才又发觉：西方最隆重的礼服原来就是黑服白衫，黑白分明；而最正式的西装仍旧是深蓝色套装。

市场升跌关注数字，中西爱憎也大有分别：1、2、3 后，西方渐知中国人憎恶 4 喜爱 8，但不知其所以然；其实并非历史传统，而是现代迷信：因为中文发音像"死（亡）"和"发（财）"，所以对数字价格，中国客户最憎有 4 最好有 8。更深层历史文化宗教分歧是 6、7 和 9：西方《圣经》忌讳凶兆 666；而中国流传大禹生于 6 月 6 日治水成功挽救中华文明，所以 66 无穷，66 大顺。

西方《圣经》开卷，上帝 6 天辛苦创造世界，第 7 天完成休息喜悦，因此赐福给第 7 天定为圣日"神圣，祝福，圆满"，所以西人都爱幸运数字 7（时至当今西方热门电影名牌特务"铁金钢"詹姆斯·邦德，御封编号 007）；而中国流传 7 月盂兰鬼节和葬礼头 7 哀悼。9 在中国是最大个位数表示最高级别最高尊称：九霄云外、九天上帝、九五至尊；而在西方是最后个位数：绝对不打电话号码 999，除非报警求救。《圣经》记载耶稣星期五与门徒 13 人"最后晚餐"被犹大出卖，惨钉十字架，本是耶稣基督舍身替世人赎罪，通称"耶稣受难日"；但后来西人现代迷信最忌 13，称 13 日又是星期五为黑色星期五。记得一次我们西欧总部曾在伦敦金属交易所年会，周五宴请我们晚餐，主宾共 13 人："绝对不行，如不能减，务必增加"，加上司机共 14 人。我答没有关系，但客随主便，让他们执意坚持；也不好意思告诉他们：中文 14 发音"实死"，如讲出来就是典型西式"黑色幽默"！

* * *

中国开放后迅速复兴经济对外贸易，包括进口短缺金属尤其是铜，于是开始在全球中心伦敦金属交易所交易。布伦戴士作为伦敦金属交易所 12 家创始圈内会员之一及世界主要金属贸易集团，应邀初访中国。既是采购中国主力出口钨锑钒等金属矿产的主要买家，又是销售铜铝镍等中国紧缺进口金属的主要供货商；更应北京所请，为中央部门选派第一代专业经理提供伦敦金属交易所现场培训。这一代精英后来均独当一面，迄今衷心感谢布伦戴士的真诚专业培训（不仅免费而且提供公司附近公寓，本来为我们海外分公司同事出差备用），从未规定受训后必须交易。然而，我们感谢中国公司及其受训精英，大都选择布伦戴士专业服务，经中国伦敦代表处开始伦敦金属交易所交易，首先就是铜，最多仍是铜。

双方友好合作长期发展，多年后布伦戴士集团衷心祝贺中国成立深圳金属交易所，后来合并成上海期货交易所。而我有幸代表布伦戴士总公司，邀请中国金属交易所代表团初访伦敦金属交易所。中国经济贸易高速发展增长，促成上海期货交易所后来居上，超越纽约商品交易所，与伦敦金属交易所三足鼎立，环绕全球时空，全天候涵盖铜、铝、锌、铅、镍、锡六大基本金属的全球期货交易。

伦敦金属交易所交易大厅保持传统大圆"圈"座位：10多家"圈内会员"首席交易经理围"圈"对面而坐，大声叫价加上手势，当场体现世界市场升跌气氛（当然背后助理们电子记录，确认成交）。伦敦金属交易所代表团回访中国，上海交易所已乔迁浦东新区高楼大厦，俯瞰上海极有气派。交易大厅坐满红马甲交易员，但已电脑化买卖对应成交，远观初觉似乎静悄悄秩序井然，注视大墙壁就看到电脑屏幕数字闪烁，显示市场交易价格上下不停变动。

伦敦金属交易所年会周，议程高潮之一是全球最大生产厂矿"世界铜王"智利国铜，宣布翌年长期合同溢价：世界各大铜厂纷纷跟随领袖导价，根据品牌名次和航程远近等略作调整，就此订定世界各国客户翌年长期合同溢价标准。伦敦金属交易所每年10月年会之后，各大生产厂家和各国用户客户每年11月会晤谈判翌年长单（西方行内谑称"交配季节"），12月前签约，以便买方开信用证，卖方备货装船，1月起执行整年长期合同。

第三章　铜王访华　供求配合

20世纪70年代，石油危机暴露出世界油田只够开采50年，但另一更短缺矿产资源却较少报道：传统火法冶炼电解铜经开采、选矿、粗熔、精炼、电解等工序，只能提取矿石中2%至0.2%的含铜量，余下0.2%也即至少一成，弃之矿尾，堆积如山。工业革命数百年累积量变，到20世纪80年代化学革新突破质变：研究开发出湿法硫酸浸出新工艺，生产Electrowon（Sx-Ew）电铜（中文意译"电极铜"，音译"电晕铜"，俗称"湿法铜"），终于尽量提取原来矿尾中至少一成含铜量，不仅大幅降低投资建厂成本和火法冶炼能源，而且空前增加全球铜资源储量和产能产量。

世界最大生产厂矿集团智利国铜，大幅增加年产120万吨金属铜，全智利总量已达全球20%。于是，大力促进国际贸易销售，尤其是直销世界增长最快纯进口国中国提到议事日程上。智利国铜亚洲代表处设在新加坡，但对华销售却经国际贸易中间商买断，竟然连续多年断销中国。我们法国普基铝业集团及其拥有伦敦金属交易所创始圈内会员布伦戴士公司以及其智利代表处，在长期友好合作基础上，说服智利国铜改用新模式：委任我们法铝普基远东分公司为独家总代表，联合团队直接销售给中国客户。总部运筹酝酿数年，我们紧张筹备数月，终于促成中西铜业领袖，举行历史性首次峰会，在北京拉开帷幕。

因为中西铜业领袖素不相识，我事前预先电函向双方介绍：中方主人是统率最多员工120多万人的部长（统辖全中国铜铝锌铅镍锡及钨锑钼镁钛汞等主要有色金属最大生产厂矿冶炼工业）和主管进出口的副部长及其铜部经理。

西方外宾是全球最大铜生产厂矿"智利国家铜业公司"简称"智利国铜"总裁（行内通称"世界铜王"）和副总裁；与我们法国普基铝工业集团世界贸易总裁和副总裁，及其远东分公司董事总经理即笔者本人。

我介绍宾主握手幸会后，中国部长欢迎智利国铜总裁首次访华，请他先介绍智利国铜情况："我们智利国铜已有探明铜矿资源80亿吨，占全球蕴藏量的20%。但铜矿含铜百分比已从过去高达2%甚至以上，逐渐降低到如今平均1%甚至以下。新建铜世界最大尾矿新工艺湿法铜厂，年产13万吨湿法铜，占总产量10%以上并稳步增长。我们作为全球最大生产厂矿纯出口国，运销全世界主要进口市场美国、欧洲、日本、韩国和中国台湾、东南亚等。感谢我们中国经销代表法铝普基集团远东分公司，筹组协同我们初访中国登门拜会，真诚希望直销给全世界发展最快的纯进口国中国。"

中国部长听了不禁微笑:"我们太羡慕了。智利铜矿含铜1%就叫低品位,但如在中国就是高品位。我们中国铜资源匮乏,铜陵等老铜矿已差不多开采完了,只有江西贵溪铜矿还在开采,但平均品位才0.6%。中国进口电解铜,但我们主要进口铜精矿,供我们中国冶炼厂自己生产电解铜。"

智利老总也笑了:"我们更羡慕中国地大物博,人口众多。我们智利是夹在安第斯山和大西洋之间的狭长沙漠,全国总人口还没有上海一个城市多。感谢公平的上帝,赐给我们全球最丰富的铜矿资源,我们智利国铜每年生产金属铜120多万吨,加上智利其他厂矿每年生产铜金属加铜精矿含铜总量200万吨,稳占全球铜总产量20%以上。"

中国部长由衷地表示:"我们热烈欢迎世界最大铜生产厂矿智利国铜,到我们中国来投资合资,兴建铜矿铜冶炼厂。"

这是中国改革开放以来接待外商访华,每次必定表示的衷心欢迎词,几乎已成标准套语;也期待外商至少客套答谢。但这次外商虽是世界铜业领袖,却是破天荒首次访华,仍然照旧坦诚直言。

智利老总不笑了:"您刚说中国非常缺乏铜资源。我们智利已经有全球最丰富的铜矿,不应该再到中国来投资铜矿铜冶炼厂,与你们争夺中国非常缺乏的铜资源。我们这个地球村已经太小了,必须国际分工协作:在智利,理所当然投资铜矿和铜冶炼厂,来生产铜;而在中国,就应当投资铜加工制造厂,来消费铜。"

会客室气氛,从礼节性欢迎,到商务性简介,到专业性交谈,一切顺利正常；但现在却突然冷场了。中国部长轻声低语似乎自言自语："我们中共中央以前九评修正主义，似乎批判过这种国际分工论？"副部长悄声回答，倒是言简意赅："那些老教条早就过时了，哪能解答如今的新问题。"

宾主双方，本来分属世界铜市供求两方顶端，立场观点角度不同，难免看法理念意见有别。而首度访华初次会晤，双方相见甚欢在商言商一直谈笑风生；但一旦涉及意识形态深层次分歧，就似乎变得话不投机了。

我被迫当机立断，从被动后发传译，转为主动先发圆场："在世界铜市，智利已经成为全球最大的生产厂矿纯出口国，中国改革开放经济高速增长越来越是全球最大的消费加工厂纯进口国，这种全球化发展大趋势必然继续到可见的长远将来。我们有缘遇上天时、地利、人和：智利和中国正是铜世界供求最佳配合。衷心希望贵我双方抓紧历史商机，互通有无、互惠互利，发展长期友好贸易合作关系，携手迈进新世纪。"

不久之后，我应国际铜业年会邀请，代表法铝公司和智利国铜在上海作中英对照专题演讲《世界最大智利国铜供给中国最大进口需求》，广征博引官方公布统计供求数据和我们走遍中国东南西北登门拜访客户用户需求第一手资料，分析预测世界与中国铜市大势所趋，正是专题演讲标题所示。我高度评价中西铜业领袖北京初次峰会，当然存异求同丝毫不提双方意识形态误会歧见，而是强调："我们有缘遇上天时、地利、人和：智利和中国正是铜世界供求最佳配合，衷心希望贵我双方抓紧历史商机，发展长期友好贸易合作关系。"我的演讲获得中外铜业数百位专业听众专家行家热烈鼓掌表示赞同。

*　　　*　　　*

万事开头难，好事更多磨。这次中西铜业领袖北京初次峰会，当然不是结束，而是拉开序幕，真正从零开始。事先虽然酝酿数年筹备数月，期间不断反复多变曲折多磨，事后跟进更遇空前分歧极大艰险。当年曾经亏损失败几乎中止，如今早已功成身退回顾往昔，倒也不乏世界铜业内幕秘闻轶事，更能体现中西不同观点角度难免种种误会误解，值得记叙以供比较分析解读参考：

酝酿期间，智利国铜总部和法铝集团铜部均经重大改组。后者指定其香港销售经理准备中国铜市报告，以便智利国铜核实我们对华贸易专业经验。我连续出差回香港准备翌日飞北京；要他报告竟递上辞职信。我们财务董事当晚主持我们法铝中外合资企业董事会，直到翌日凌晨，看到我的汽车仍在公司停车场："你连续出差刚回来今天飞北京会合大老板，昨夜还通宵工作？"正是。我再无时间写详细报告，急中生智分上下两半，先赶出上半部，简介中国铜市概况，然后预测智利国铜所知并指定优先拜访的中央3家龙头部门，近年没有而且这次也不进口铜。智利国铜钦佩我们"预测百分之百精确"：一家就是上述部级工业公司；另一家直属外贸部开放前垄断中国进口金属，这次在中外合资大酒店接待我们兼任酒店总经理；还有一家是中国投资银行曾访智利投资铜矿但却毫无进展（智利国铜总裁亲自答复：欢迎合格外商合资开发智利矿山，万幸发现铜矿，已经付出巨大人力物力财力的矿主，当然不会让人合资分享）。智利国铜是智利最大中央企业，顺理成章指定优先登门拜访北京三大部门；好在我们法铝普基集团也是法国国有化龙头大公司，先满足其要求并证实我们的预测：他们指定优先登门拜访的中国央企均无进口购铜需求。

临行前夕，智利国铜电告智利驻中国大使我们访京，转来他的请求："他多年来尽力联络中国铜业中央部门，但只接触到外事处；十分钦佩你们带智利国铜首次初访，竟能约全中国铜业顶尖领袖，分别登门拜访，他立即请求参加。"我们急电中方："智利国铜请求让智利驻中国大使参加我们登门拜访会晤，所有约会一切照旧，不必再作任何更改。"完全出乎我们意料，竟然引起中方轩然大波："外事无小事"，几乎取消所有约会。我们尽最大努力才"大事化小"，在商言商，确保低调："就让他跟随我们智利国铜代表团作为团员来登门拜访会晤，我们仍旧商谈智利国铜直销中国专业商务。"

整周行程，我按智利国铜要求首先拜访他们指定上述三家中央部门。不料他们临时请我一齐登门拜访北京铜厂，原来有关各方均低调保密已与智利国铜中外合资，却一直亏损从未赚钱，只得"外方合资全部转给中方，象征性作价一美元"。智利国铜总裁对我说："对这事尽量低调，现在你充分明了为何我们智利国铜自己有亚洲代表处，却决定信赖你们法铝普基对华贸易成功经验。你怎么看这合资？"我坦诚相告："我同意你所说，智利国铜不应该来中国投资铜冶炼厂：在中国开放之后与中央金属部门合作是正确的天时地利人和，但找首都市区铜厂合资并非最佳选择成本效益，而且污染环境迟早搬迁。但这块地跟房地产升值几年就翻几番。"（不必我说：早已证实！）但智利国铜总裁回答："我们是专业金属厂商，历来规定不准搞房地产，所以在世界各地分部一直租办事处。"与法铝集团世界贸易总裁对我建议购置中国香港办事处远胜缴昂贵租金的答复完全相同。而我们中国同行就恰恰相反：无论谁从事金属行业获得成功，全都投资房地产。

周末在京，外宾初访必定游览举世闻名的长城和故宫博物院。中国主人宴请殷切问候："游览长城好吗？"西方客人喜欢开玩笑（但中国主人很不理解更不欣赏西人这种自我解嘲）："太好了，长城非常壮观；但我们直销电解铜的努力也碰壁撞到你们长城的铜墙铁壁了。"中国主人热情待客，频频敬酒为双方合作"干杯"："生意不成友情在，下次再来谈合同"，直至宾主尽欢。但是，我们全力以赴克服万难才促成"世界铜王"首次访华，真诚直销优质精铜给全球发展最快纯进口国中国，却完全没有合同，入宝山而空手回，岂非宣告我们对华贸易专业失败？

* * *

然后，我们开始我计划中的中国市场报告后半部——从北京中央部门转向全中国（智利国铜从未听闻更无认知）——已经日益开放分散的地方金属原料经销企业和铜加工厂用户，不仅是北京附近的华北地区，而且更深入上海附近的华东地区和香港附近的华南地区。我们竭尽全力为中西铜业，在全球最大厂矿智利国铜纯出口生产供销，与世界发展最快中国纯进口市场需求之间，逐一解释澄清种种误会误解，逐渐分析消除各种隔阂分歧，逐步存异求同最后达成共识：智利国铜直销中国客户用户，正是铜世界供求最佳配合，互通有无互惠互利，长期友好合作共赢。终于促成"世界铜王"首次访华取得零的突破，当场签订智利国铜直销中国首批合同。

第四章　开荒十年　化危为机

中西双方签订铜金属国际进出口购买销售合同后，由我们远东分公司执行，立即遇到空前困难。西方多年领袖厂矿供应全球各大进口国早已合并集中定型成熟市场惯例，与中国改革开放快速发展中市场仍在鼓励各省市地方分散经营独特国情，供求两方极端分歧，大大超出意料：

首先是品质太新：我们全力推广智利国铜主要品牌传统火法铜，确保中国铜业全行专业确认为全球最优质量名牌。但智利国铜却大力促销西方刚开发新工艺湿法铜，对中国地方小厂就太新暂时无法适应（当时仍是欧洲上引法铜杆机小翻版混用废杂铜粗轧成劣质低纯很快氧化变黑的"黑杆"，再拉铜线拉到较细就易断裂，导电性差甚至电阻超标，制成低级"热风扇"，尚未达标出口）。

其次是数量太大：智利国铜作为世界最大生产厂矿，当然早已形成惯例选销全球大买家，最小订单每月1000吨整年12000

吨，大都每年数万吨甚至数十万吨（包括日本、韩国、中国台湾均已如此）。但中国刚改革开放众多地方中小买家用户自然要求分散订单，每月100吨甚至最好分装50吨。双方订货数量大小标准，差别十倍以上，甚至数十倍直至数百倍。

再次是航程太长：智利国铜装船（从南美洲横渡太平洋到北亚洲可谓全球最长货运航程）最初均先停靠美国、日本、韩国、中国台湾、中国香港卸货，最后才到上海，航程长逾一个半月甚至两个月，实在太久。对比中国当时主要供货产地均是周边邻国，装船只需数天最多两周运到中国，而铜买家均求尽快周转大额资金必然选购就近快运交货，确实使我们面对国际竞争而处于绝对劣势。

最后是定价太死：智利国铜惯用生产厂家标准卖价，即伦敦交易所装船月平均价，当然最简单划一。但中国严格管制外汇所以中国买方必须装船前预先确定金额开信用证因此偏爱伦敦交易所规则"浮动活价"，让买方有权"未知月平均价"前选点好价，使智利国铜大感不解（中国老总白天辛苦晚上还亲自点价？）："我们不是伦敦金属交易所经纪行，所以无人提供这项专业服务。"

坦白说，上述中西分歧任何一项均是国际贸易合同的主要基本条款，如果违反任何一项，已属违约，无法履行合同，必然引起索赔。如此数项均违约，更属毁约，势必触发诉讼，已是空前危机。中文"危机"一词由两个汉字组成，第一字"危"险，而第二字"机"遇：必须克服危险，才能化危为机，赢得历史机遇。

1）**质量升级**：中国铜业改革开放迅速改进最初上引法小铜杆机，更新换代升级国产自动大机（由中国军工重型机械厂从军用品转型民用品专业制造），已能适应同时消化传统火法铜厚板和新进湿法铜薄板，均能轧成低氧光亮铜杆盘元，导电达标优质高产，再加工拉成较细铜线同样坚韧不断，确保中国制造各种电器电机价廉物美，不仅持续畅销到全中国，而且大量出口到全世界。

2）数量倍增：我们最初只能在中国与智利国铜中西订单数量标准大小极端差异之间折中妥协每月最小订单500吨，忍痛割爱暂时放弃地方中小客户。所以由衷感谢中国市场飞速发展，确保客户用户很快倍增订单数量达到智利国铜订单要求，同时钦佩智利国铜总部同事尽力改进跟单电脑化，迎合全球扩展最快中国市场众多需求，虽然各地订单分散但全国总量逐年倍增。

3）航程缩半：感谢中国进口铜总量突飞猛进，我们积极主动促使智利国铜从起初每月一艘班轮很快改进为每月二艘甚至三艘班轮。又遵循国际海运惯例"首先直航最多卸货港"，从智利装铜横渡太平洋最先直达中国上海，极大缩短航程只需一个月（回程再停靠中国台湾、韩国、日本等），使我们能与中国进口铜传统供货周边邻国对等公平竞争，优质大量快装速运薄利多销，后来居上。

4）点价升华：我们说服智利国铜改进合同条款"由于语言隔阂日夜时差，卖方智利国铜卖价按伦敦金属交易所月平均价或浮动活价"（中国买方有权在未知月平均价前与智利国铜中国代表处预先选点好价，以便尽早申请中国银行严控外汇金额及时开出信用证），同时转头寸给智利国铜的伦敦金属交易所经纪行（英国主要银行因此开始与我们 10 多年长期合作)。

我们主动积极创新努力,及时解决了中西双方合同最初无法妥协的太大分歧,使空前危险转化为突破机遇,磨炼升华我们自己首创铜世界中西国际贸易专业配套服务:一方面充分订购世界最大西方生产厂矿不断扩展纯出口供给,另一方面全面满足全球发展最快中国用户市场日益增长纯进口需求。

后来,中西铜业首长专家客观分析称赞我们专业团队:从零开始,力克难关,能人所不能,作出零的突破,开创智利国铜直销中国;从小到大,转"危"为"机",每年翻番,终于后来居上,成为中国进口龙头供应。这首先必须勤奋努力,才能积极主动群策群力,逐一选访中国开放分散各省市地方数百上千客户用户推广促销,这是基本功力占到 60%。同时又要才智能力,才能殚精竭虑千方百计,逐渐克服中西贸易双方大小深浅误会分歧,逐步解决供求合同各种主次轻重差距异点,这是专业能力占到 30%。还得加上机缘运力,这也是必不可少占到 10%,才足够十足十成充分履行合同,100% 圆满完成任务。

我们归纳公司团队精神:敬业乐业"勤",专业才能"精",市场信息"灵",职责跟进"紧"。但自己评估仍是铭感上苍恩赐天时地利人和:时逢千禧递嬗空前和平安定繁荣历史机遇,地处中国改革开放伟大复兴大国崛起,缘随世界铜王智利国铜直销全球发展最快中国市场,正是铜世界供求最佳配合。同时衷心感谢中西铜业众多同事朋友多年合作,尤其是大中华广大客户用户长期友好关照支持。

结果，我们法铝普基集团和智利国铜联合团队从零开始，直销中国：从小到大，每年翻一番；后来居上，逐步超越历来主要供应产地周边邻国近水楼台，终于成为中国进口铜供货龙头，保障长期稳定供给；协助中国解决高速发展紧缺的铜资源，确保"全球大工厂"中国制造各种各样铜线铜缆、工用家用电器电机、公司私人电话电脑等等，价廉物美、优质服务，畅销到全中国，出口到全世界。

第五章　中国金属　震惊世界

第一篇　人类文明标志——铜
传热导电　传史导世

在基本金属商品世界，虽然论数量铝锌倍多于铜，论单价镍锡倍高于铜；但是从伦敦金属交易所到纽约商品交易所到上海期货交易所，铜历来稳执古今中外商品期货交易巨额资金之牛耳，总是好淡博弈牛熊恶斗兵家必争之战场，聚集基金大行企图操控市价剧烈震荡甚至破底创高震惊世界之焦点。

美国巨富亨利兄弟"囤炒白银"，炒到天价爆仓，一夜之间倾家荡产；马来西亚无限接收"大锡危机"，屡破历史高价，最后暴跌一落千丈。但当时中国闭关锁国，影响不大。所以本书简要记叙中国改革开放以来，发展金属进出口大国崛起，影响全球的重大事件经验教训，并分析中西行家为何对同一事件产生颇为不同甚至截然相反的反应。

英文既有类似中文的"脚韵"，写诗朗诵优美动听；又有独特的"头韵"：首音相同短音节词组成标题，言简意赅、铿锵激昂、极有气势。例如："Boom or doom？ Bubble busting！繁荣升市还是衰退跌市？泡沫破灭！"，前半句问题是长音脚韵，问来抑扬顿挫；后半句回答是短音头韵，答得惊心动魄！中英翻译诠释词义，但是字音节奏韵味，大都完全无法传达，只凭匠心妙手偶得。下文金属世界大事，英美专家选定英文标题，均是经典头韵，读来触目惊心，确实震惊全球。

Copper Crash（住友）托铜坍塌

电脑空前扩展扩大而且加速金属期货交易，但也让"胆大妄为交易员"有机可乘。外号"5% 铜先生"的日本龙头住友公司首席交易经理滨江一郎，伪造仓单炒高铜价每吨 2500 至 3000 多美元托市 10 年（交易总量高达 253 万吨铜相当于当年全球消费总量 20%）。最后 1995 年中爆仓崩塌近半，暴跌过千美元，到 10 年低价 1750 美元。住友巨亏 26 亿（甚至曾传高达 41 亿）美元：住友历年巨利一笔付清，盛极而衰；滨江一郎提清瑞士银行密码账户退赔 80 万美元，被判入狱 8 年。（空前丑闻使世界铜市堕入特长熊市，2001 年跌到 20 世纪 30 年代大萧条以来最低价 1336 美元。智利国铜暂停富矿作业，改挖较低品位矿层达到减产 10%；中国等多国厂矿跟随大幅减产，才挽救世界铜市谷底回升。）

伦敦金属交易所领导西方世界吸取深刻教训，彻底检讨改进期货监管规章制度，杜绝违法虚假炒作。翌年我带中国客户专访日本铜业：但住友等主要集团沉着应对，绝不认错致歉；反而强调日本采完铜矿之后"为国托市 10 年"，才能发展铜冶炼加工制造工业并雄霸出口亚洲，确保日本成为全球经济强国。众口一词，包庇偏袒滨江一郎是专业人才"为国家托市10年，为公司日夜辛劳"。（如此强词夺理，文过饰非，与日本矢口否认二次世界大战侵略亚太各国同出一辙。难怪一代经济强国，难以持续，盛极而衰，从此堕入20年长期通缩萧条。）

当时，中国铜业改革开放，正在逐步成为发展最快的纯进口国。上述中央金属部门趁住友托铜坍塌造成铜价暴跌大半，10年低价购进10万吨伦敦期货铜，当然极大有利中国进口。但中国客户用户已经定购进口，只在上海交易所保值，每天跌停板5%，就根本来不及止损；因为伦敦金属交易所没有跌停板限制，直线暴跌50%，每吨大亏过千美元！

Zinc Squeeze 逼锌秘辛

1997年，西方主要锌矿挖完关闭，减少全球供应百万吨。中国最大锌厂连续多年蝉联中国有色金属全行业最佳盈利创汇，厂长及外贸主管荣膺行业管理经营模范，以为既是全国第一大厂和主要出口龙头，又有最低生产成本每吨850美元保障，在1997年7月伦敦金属交易所锌价1050美元高价抛空，必定稳赢实货期货双倍厚利。他们与伦敦金属交易所经纪签订期货交易合同，但却利令智昏，背对背同时签约许多家经纪，总共多达10万吨。

如此巨大抛空头寸，引来锌世界最大工贸期三结合G集团博弈，动用大量人力物力财力多头逼仓：长单抽紧全球供应，拒收该厂交仓锌锭反告质量索赔。媒体每日警告供不应求，全球用户恐慌抢货，各国炒家围攻逼仓，推高锌价暴涨66%，屡创历史新高，冲到 1750 美元。该厂补仓巨亏，员工标语"辛辛苦苦几十年，一交跌回解放前"；负责人恩爱夫妻突签"离婚"。北京总公司调查指责该锌厂"未经授权，非法投机"，并处罚负责人；同时竭尽全力动员全国锌厂交仓压价，并联合抵制 G 集团，终于 9 月锌价高峰回落。中国报道直接损失 1 亿多美元；然而间接导致更巨大深远影响——引发数年后最终解散全中国（也是全世界）十大有色金属最大工贸结合 120 万人部级集团。

我们协助中方转达伦敦金属交易所：该厂生产全中国第一名牌锌锭，高纯优质，注册为"特高级别"，高出伦敦金属交易所交仓普通级别，所以有充分理据反驳 G 集团拒收交仓锌锭反告质量索赔。虽然伦敦金属交易所依照法例最后如实解决了该项质量索赔案件，但 G 集团赢得时间炒高锌价屡创历史新高逼仓获取暴利，已经迫使该厂限期补仓结果巨亏。

*　　　*　　　*

我们法铝集团布伦戴士公司，热诚接待中国金属部长，亲率各大厂矿各分公司首长百人代表团，参加伦敦金属交易所年会周，先访我们伦敦总部午餐会，再访我们巴黎总公司。适逢秋光映照，百人餐会面对英国伦敦塔，访法周末顺游巴黎罗浮宫，美景可餐金风醺人："夕阳无限好，只是近黄昏"。（而西方金属厂矿也忙于兼并成全球最大集团，此是后话，后篇再叙。）

中国锌工业贸易，克服危机，继续高速扩张锌矿山、冶炼厂、镀锌钢片厂、锌电池厂等，2000 年产量超越 200 万吨金属，40% 出口，占全球 1/3，跃居锌世界生产消费出口第一大国。但供过于求压低世界锌价，2001 年低于 830 美元，反而造成中国锌厂亏本，被迫共同减产 20 万吨年产量。

CSRB Copper Conundrum 抛铜涨疯迷宫

中国国家储备局（简称国储），顾名思义，旨在储备战略物资关键商品。2005 年，国际铜会再聚上海，中国主持人同意中方看法："铜价创历史最高 4000 美元，中国大都看跌抛空；但老外则看升再冲新高，我们请其代表英国银行主题演讲。"不久，市场盛传：中国国储高级交易经理刘其兵抛空 20 万吨期铜（超过当时世界三大金属交易所伦敦、上海、纽约库存大幅减少后的总量）。但国储不公开对外贸易，先否认有该名雇员，后指其非直属单位。西方传媒并不认识刘其兵，却道听途说，先报他放假，后讲他失踪，又传他被杀；更说其人一身名牌，出入名车，坐京城大办公室；扑朔迷离，波谲云诡（多次报道失误后，还自我幽默解嘲："听来似乎西方间谍电影，超级特务 007 单枪匹马，出生入死。"）。

其实，刘其兵人很普通，衣着简朴，办公室更简陋，担任该职已交易 6 年多，过往确曾看准低价进铜为国储赢利，当然政策也奖励单位个人（但制度缺乏明确法定"交易限额，严禁超额"）。但是利令智昏，在错误的时间地点供求关系中，作出了错误的决定：纵看时间 2005 年中西经济持续增长空前繁荣兴旺；横观地域中国紧缺铜资源已是全世界长期最大纯进口国。细析铜市（主要产地智利铜矿品位降低大幅减产、秘鲁当地居民围攻污染铜矿导致矿业部长下台、墨西哥集团美国最大阿沙科铜矿长期罢工宣布破产、赞比亚铜厂矿暴乱结果总统罢免矿业部长）当然空前供不应求：三大交易所库存剧降谷底，只够全球消费一天，必定涨价屡创历史新高。中国国储本来理所当然应该趁低买多才能加强储备，但刘其兵却背道而驰反而在3000多美元就抛空，显然是冒险投机；而如此期货期权加倍大量抛空，则风险极大，已经失控了。

中方反常超量抛空，引来西方对冲基金盯上，趁机博弈逼空。媒体每日警告全世界铜市供不应求，引发全球用户恐慌抢货，更有各国炒家围攻逼仓，群起而攻之，"枪打出头鸟"：推高铜价屡创历史新高，年底冲破4500美元。

国储尽最大努力积极组织再三大量拍卖储备铜（甚至数十年前进口"战略储藏防备第三次世界大战"早已停产老牌旧铜，多年发霉长满绿毛，必先酸洗才能拍卖），以求压抑高价而尽量减少补仓亏损，结果仍然巨亏6亿美元。刘其兵后来在云南被捕，"未经授权，非法投机，造成国家财产巨大损失"，判监7年。

*   *   *

2006年春，我们主持华南铜研讨会，请英国银行全球分析师（年前上海国际铜会正确预测铜价冲破历史高位后再创新高，当时中西行家颇多异议，然而当年已经纷表钦服）详列数据，深入分析中西世界经济兴旺导致全球铜市供不应求，公开预测铜价"在创历史高位4000美元之后，原已再升；如今加多逼空补仓，势必倍升"。我们当场向与会铜业客户用户问卷调查市场需求，大获支持。事实证明：铜价飞涨，屡创历史新高，年中果然倍升，冲破 8000 美元大关。

*　　　　*　　　　*

上述有关中国金属的这些重大事件，当时确实轰动一时，对于金属专业同行更是震惊中外。如今虽然早已事过境迁，我们在此简单扼要回顾，不仅吸取历史经验教训，而且"会当凌绝顶，一览众山小"，登上中国改革开放空前高速发展的历史高度来俯瞰回顾：假如数十年来一路风平浪静，又怎么能有空前历史机遇，化"危"为"机"，才能成就伟大复兴？中国金属巨舰，正是驶进世界历史潮流，历尽时代大风大浪，才能多难兴邦，后来居上，大国崛起，终于成为铜铝锌铅镍锡金银世界第一消费使用制造成品大国。

第六章 中华精英 克难创业

智利国铜当初委任我们直销中国主要用户,"世界铜王"向我们再三强调:"我们既然是铜世界最大的生产厂矿,首先必须确保我们极大多数产量直接供销给世界各国最大用户,维持长期稳定供求合作。不仅在西方欧美市场,而且在东方日本、韩国、中国台湾等市场,我们各自首先确保最主要的三大用户长期合同,全都维持数十年不变,持续合作稳定发展。所以,我们直销中国市场,也应该继续这种市场拓展策略,确保最大用户连年续签整年合同,才能长期稳定持续供求合作。"

如上所述,我们当年从零开始,偕同智利国铜优先登门拜访中国三大央企部门却都连年不进口铜。我们又不想"世界铜王"初访全球发展最快纯进口国竟然没有订单空手而回,急于求成"零的突破"所签最初客户合同,偏偏遭遇日本住友爆仓暴跌造成全球铜业空前严重特长熊市,遗憾智利国铜直销中国最初几年大客户均亏损离场,未能持续翌年连签长单。虽然我们竭尽全力拓展新兴大客户签订长单总量倍增，仍使智利国铜和普基集团欧美总部大惑不解、大为不满、大感忧虑："我们每年大量优惠全球各国最大客户：世界各国市场全都连年稳定续约，长期友好合作；为什么全球发展最快新兴市场中国的最大客户翌年反而不再续约呢？"

我们向"世界铜王"分析解释：西方欧美数百年和东方日本韩国、中国台湾数十年，市场经济成熟铜业早已定型，各三大用户集团"三足鼎立"稳定市场。但中国大陆改革开放不久又要解散中央金属部门，政策鼓励30多省市地方、数百家客户、数千家用户，各自经营"百花齐放"，初期也太分散，难免相互重复，而且加剧竞争。一方面固然造就一代精英，抓住市场商机，趋势而起获得成功；另一方面难免有人缺乏经验，不做套期保值就来冒险，过度投机惨遭失败。甚至有人曾经盛极一时，几乎垄断中国进口铜长单，但却缺乏专业套期保值控制风险：或因中国国内铜价倒挂低于伦敦，导致进口大量亏损，被迫斩仓离场；或因同时长线投资房地产，铜市短线资金链断，结果无法周转；甚至利令智昏，走私瞒税违法乱纪，当然要受制裁。这些中国客户进口清关报税，虽与我们外商供销中国到岸价（不包括中国进口税）毫无关系；但更证明新兴市场毕竟尚需更多几年时间，筛劣选优、汰弱留强，才能逐步优化组合兼并定型，最后臻于成熟铜业稳定市场。

为此，我们建议说服智利国铜，从他们历来每年"交配季节"飞访主要市场国都一天，下榻五星酒店会晤大客户，成交就走的惯例；改为定期出差中国：飞访北京及华北地区，再到香港及华南地区，更深入中国铜市中心上海及华东地区。难为辛苦智利国铜老总，远道飞来仍有时差，一下飞机就和我们"飞车看花"日新月异的长江三角洲经济圈，多次遍绕太湖登门拜访上海、江苏、浙江铜业客户及众多加工厂。他们多次或因时差水土不服而感冒腹泻，暂停饮食仍坚持出差访客，还自我幽默"节食减肥"。我们另外一次飞车珠江三角洲，深圳交通堵塞，司机绕道迷路，直驱关闸楼道，偏被铁栅挡路；我们手拖行李，不想再绕楼梯，为赶时间过关，先举行李过铁栅，再合力举起已经精疲力竭的智利女副总翻过铁栅，使周围中外旅客看得目瞪口呆。

我们经常出差中国，登门拜访客户用户，还对准契合中国改革开放分散市场的"独特国情"：不仅当时当地当场深入了解每个客户用户的经营实况、库存数量、管理水平、专业质素以便立即跟进订单，而且综合第一手最新信息、资料、数据，连竞争老对手专业分析师也望尘莫及；更有大量事实充分证明我们分析，终于说服智利国铜克服暂时艰难困苦，不仅坚定对中国市场持续高速增长的信心，而且越来越由衷喜欢中国客户日新月异与时俱进："我们欣享世界其他市场大客户数十年长期友好合作老朋友；同时欢迎中国改革开放不断变化带来的新客户新朋友。数十年不变长久友情当然可贵，而新朋友更能带来惊喜！"

我们带"世界铜王"幸会欣贺大中华铜业精英，充分发挥拼搏能力聪明才智：唯有不断刻苦努力拼搏，而且专业保值控制风险；才能不仅克难创业，而且确保持续成功。谨从亲自交往多年客户用户中欣举数例：或央企主管转型下海，或乡村农民白手创业，或港台同胞回国投资，素描写照大中华铜业精英艰苦创业克难成功的心得体会，画龙点睛凸显他们各自控制风险持续成功的心路历程。

大江东去，浪涛汹涌，难免泥沙俱下；沧海横流，控潮挽澜，更显英雄本色。

中国（也是全世界）十大有色金属最大部级集团解散120万职工，广大专业精英渡过难关。许多转型下海更加海阔天空。我偕智利国铜登门专访上述金属部级集团主管铜部老朋友（下海为3位股东主管新铜公司，每年完成计划利润各奖1%红股共3%，数年连赢递增成大股东）。智利国铜称赞为我们直销中国早期客户中最有专业眼光，不仅最早连续多年按质按量依时依额全部履约长期合同，而且最先专业利用中国崛起成为铜世界进口消费大国市场商机，在伦敦上海两个交易所跨市套利。再多元化发展金属生产实业工厂和首都房地产，获得成功，可喜可贺，铜业行家均表首肯。老友保持一贯低调："衷心感谢张总和各位老朋友，这许多年来长期关照支持。我们本来在中央垄断部门，都很难控制世界铜市剧烈动荡；现在发展民营企业更是首先控制风险：每做一单交易，不是先来计算可以赚多少，而是首先控制可能亏多少，才能预防风险，做好套期保值。先立于不败之地，才能专业争取成功。"

作为中国特色国情，我们客户从国防工业转型开发民用工贸（"从军车转型，改为制造民车，可说易如反掌"）；而央企老总把职业军官转型改造成铜业专才,就更难能可贵了。老将手下无弱兵,老总慧眼识英雄。精选出来的铜部经理,是我们同行一致公认最勤奋努力、好学不倦的。他白天掌盘上海期交所买卖,晚上紧盯伦敦金交所交易,深夜还看纽约商交所行情。短短数年,主掌集团大盘;后来居上,成为我们带智利国铜每年"交配季节"首选登门拜访的长期友好大客户,从此荣登中国进口铜龙头。

老总谆谆忠告:"外行误会我们央企财雄势大,做生意必定所向无敌。其实中国市场发展太快太分散,地大人多,良莠不齐。越来越多人急功近利,见利忘义,难免诚信下降。所以我们居安思危,一直注重控制风险,尤其首先选择可靠客户,才能确保长期友好合作,持续稳定增长。"

更多中国特色:华东农民家庭仅4000人民币白手起家,修理农机配装零件;改革开放后所有赢利全用于不断扩张,终于成为全国机车部件制造业龙头,出口西方,在中国和美国上市。他们公司简介封面首页是他和中国最高领导人合影照片,办事处也挂满这些放大照片;这在中国已有先例,不算特别。但他们真能标新立异:聘请美国老总统亲弟任顾问,继续到小总统则是亲叔。当初他们刚来上海,我们宴请晚餐,要按他们农村习惯下午五点开始。老总开门见山开口就问:"人人都讲LME,我们就请张总您从头讲起LME是什么?"我们有求必应、有问必答:"LME是英文伦敦金属交易所三个名词首个字母组成的缩写"。他们专心听讲,详细记录;学以致用,边学边用:开始进口我们智利国铜,又在伦敦和上海交易所跨市保值套利;很快后来居上,成为上交所最大头寸。他们集团主席宴请我们"世界铜王"智利国铜代表团，我们问他成功经验。他回答："我是农民白手起家，念书不多；所以坚持多看书、多交流、多学习，才能与时俱进、跟上潮流。平时做好准备，有目标、有计划，持之以恒，总会成功。先办实业，再多元化发展，关键善于资本运作，才能稳健发展壮大。"他在《胡润富豪榜》（不仅排比身家财富，而且兼顾政治、经济、社会、媒体及行业影响力）头二年蝉联第二，仅次于国家副主席之子；也是中国第一代农民企业家成功致富仅存硕果。但他对我说："树大招风，遭人眼红，我不喜欢这个榜，所以今后淡出。"

中国改革开放优先招商引进外来投资，首先吸引香港客户纷纷"北上"投资大陆，其中精英深谋远虑："我们既不是财雄势大无法投资房地产，又不想随波逐流重复低级代加工，所以精心选择投资铜业制造高科技冷门产品——集成电路板，专门用于各种精密电子电器电机电脑。"他们到中国农村小城优惠招商新区投资开厂，成功上市，严格控制质量第一；后来居上，成为全中国行业先进和出口龙头。一直享受中央及地方政府鼓励高新技术产业特别优惠政策，获得经济实效及优厚回报，成为基金爱股，股价直线上升，连年翻了数十倍！

中国改革开放鼓励优惠外商来华投资，起初西方怀疑中国法律是否保障外国投资自然裹足不前，所以最早响应来华投资的是香港爱国同胞。比较而言，更钦佩台湾铜线铜缆厂，虽然已是行业龙头长期稳定出口亚太地区尤其美国，仍能洞烛先机来大陆投资开厂。他们迄今难忘当初来华创业的艰难困苦："我们在商言商只讲经济，但毕竟毫无先例借鉴考证，真的说大家都是中国人相信中国人。我们是开荒牛，不但一切从零开始，而且应该说是负数：须在野外荒地之上兴建起厂房宿舍，要从外省农民之中培训出熟练员工，几经申请试单之后才批准出口美国。"当然倍加辛苦，但是正好赶上中国制造各种各样电器电机出口西方高潮，每年增长数成，十年持续递增，确保投资获得丰硕回报。也是中国确实优惠外来投资的最佳证明，比任何招商大会宣传广告更加具体生动有说服力，果然吸引亚太各国最后西方欧美你追我赶，纷纷前来中国投资，成为全球首选投资热土。

*　　　　*　　　　*

正是这些大中华铜业精英，紧紧抓住中国改革开放飞速发展的空前机遇，积极主动创新，刻苦克难创业，共同成就中国铜业后来居上，和平崛起：中国整个铜生产加工工业和进出口国内外贸易，从铜矿冶炼厂到废铜回炉再生厂，从铜杆厂到铜线铜缆厂加工制造电线电缆，从铜管厂加工制造热交流管空调管，从铜带厂到铜棒铜片厂，从铜箔厂到专门加工制造集成电路板等精密电子零件，在中国众多省市，特别是江苏、浙江、广东、山东、河南、江西、安徽等省：如同雨后春笋，茁壮成长，不断改组合并，涌现出许多新厂发展成大集团，甚至开设海外分厂，突飞猛进，后来居上。

其中龙头大厂，既扩展产能产量规模，更注重高新技术质量，不仅越过亚洲发展新兴国家，而且超过西方欧美发达列强。更何况，几乎铜业每个领域，中国东南西北都有数家大厂，相互竞争，共同促进，倍增全中国（包括外商投资合资在中国生产加工制造）的综合国力。

与此同时，大中华精英创业促成了新一代国际贸易公司，抓紧中国改革开放飞速增长的大好商机，经历中国走进世界市场潮流的大风大浪，吸取中外大户基金博弈风控的成功经验和失败教训，也已后来居上，稳执亚太牛耳，开始争取公平合理平衡全球铜市，逐步抗衡欧美大基金企图炒作左右世界大市。

第七章　中国需铜　全球第一

中国加工生产各种铜杆、铜线、铜缆、铜板、铜片、铜箔、铜棒、铜带、铜管，构成电线电缆供电配套网络系统等等，广泛用于城乡电网连通各种各样公用建筑、工业厂矿、商业大厦、民用住宅；中国制造各式各款家用公用电器、电机、电话、电脑等等，出口全世界，进入百国千城万家亿户；在中国制造组装的汽车、火车、轮船、飞机等等，通行全球国内国际交通运输。

中国铜业尤其进口消费使用，后来居上，世纪交替，连年以20%～40%空前高速大幅递增，几乎囊括全球需求消费增幅；大国崛起，超越英国、法国、德国、日本、美国，终于成为铜世界第一进口消费使用原料制造成品大国，已经长期稳占全球生产供给1/3以上。（虽然中国国内铜矿资源日益紧缺，但仍大幅扩展冶炼产能产量，也升为世界第二生产大国，仅次于全球第一生产大国智利。）

时过境迁，我们为智利国铜直销中国也完成了历史使命，以下几段对话简单扼要概括总结了西方跨国公司集团国际商务合作传统形式"君子协定，好来好去"：有缘天南地北签约组成联合团队，长期友好合作同事亲如一家；缘尽好来好去谈妥约定各奔前程，今后国际商场交往仍是老友。

智利国铜诚恳地提出建议，说服法铝集团巴黎总部同意："我们作为世界最大铜生产厂矿，衷心感谢你们法铝远东分公司从零开始，协助我们智利国铜直销全球发展最快中国市场。双方共同努力克服最初几年熊市启动开拓艰难，每年翻番后来居上：已经连年保持中国进口铜金属供货 1/3 甚至近半稳居龙头；也是我们生产出口全世界铜总量 1/3 最大市场；同时我们中国最大客户用户也终于连年持续长期合同成为成熟铜业稳定市场。但到此时此刻，连我们智利国家总统也指令我们，必须尽快开设智利国铜中国办事处自行直销，这确实是势在必行。我们敬佩你们专业团队，所以诚意邀请你们铜部原班人马加入智利国铜，顺利交接一年，再继续专职长期负责经销我们中国市场。"

法铝集团巴黎总部世界贸易老总亲自飞来香港，与我们远东分公司会商达成共识，婉转答复智利国铜："当初开创这种产销双方团队合作直销中国客户用户新模式，就是为了双方团队诚意长期合作尽量薄利多销尽快争取客户，事实已经证明迅速获得实效成功；但另一方面，势必导致销方无法阻止产方最终自行直销客户。我们尊重我们铜部同事各自决定自己就业选择，婉言谢绝智利国铜聘任邀请，但保证原班人马协同智利国铜一年顺利交接。"（从酝酿筹办到最后交接，连头带尾已超过十年，"天下无不散之宴席"。顺便一提：智利国铜成立中国办事处聘任销售经理及助理，初期连年不停换人之快之多，可入吉尼斯世界记录）。

十年合作，一年交接；千头万绪，一笔带过。又如英国谚语所说："最后说的事，并非最次要"（往往是至关重要）。智利国铜请我们拟稿向中国有关当局建议取消进口智利国铜关税2%。我们草稿理所当然不只局限于个别公司的单一商品，而应当更加符合全局理据，促进双边关系，达成和谐共赢：所以强调智利中国双边贸易最主要是铜世界供求最佳配合，已经证明长期友好合作双赢，非常有利于尽快开展双边免税自由贸易协议；而中国经济高速增长，越来越紧缺铜资源，也已充分有理有利，因此建议尽快全面取消中国进口铜2%关税。

适逢中国进入世界贸易组织之后，官方宣布中国智利缔结双边免税自由贸易协议，这是中国在西方特别是整个南北美洲第一个成功突破，同时也自然而然取消了中国进口智利铜关税。这真是送给智利国铜中国办事处一份大礼，结果智利国铜直销又创中国进口龙头份额新高40%。然而，世事无绝对，"上帝最公平"，翌年中国提早实现加入世贸承诺，终于宣布一律取消进口铜2%关税，从此公开公平鼓励全世界各国铜厂矿，从欧美百年老厂到亚非拉太新矿，全都转向供销中国——全球长期最大纯进口消费使用第一大国。

无巧不成书，智利Chile和中国China的西文国名，按国际惯例英文字母次序排列，恰好先后衔接：共赴全球盛会，正好前后紧跟，联袂入场，携手向前，并肩而坐，共同进退；具体生动地象征着铜世界供求最佳配合融洽和谐堪称典范，确实描绘出中西国际工贸长期友好合作共赢最好写照。

* * *

许多中国长期合作客户纷表感谢："你们普基远东公司从零开始为智利国铜直销中国这许多年，长单溢价全都维持在双位数美元额度之内，而且确实优惠中国长期大客整年长单溢价低于市场现货零单溢价；但如今智利国铜刚开设驻华代表处，就大幅提高长单溢价甚至冲破三位数美元空前新高，而且长单溢价反而高过市场现货零单溢价，使我们长期合作大客颇感失望。"我们坦诚回答："多谢你们长期友好合作支持；但应该根据世界铜市全局大势专业比较：这是从最大熊市谷底回升进入最大牛市，从供过于求转变为供不应求。而中国铜业正是如此抓紧历史机遇突飞猛进，几乎囊括全球消费需求增幅，终于大国崛起，跃居世界第一进口消费使用制造大国。溢价跟着铜价随行就市调整，仍旧只占基价1%左右；我们长单确保智利国铜大量优质履约供货，只要专业跨市套期保值，均可控制长单溢价或略高或略低于市场现货零单溢价。"

* * *

我们带智利国铜首次访京曾经首先登门拜访的三大央企，其中之一中国金属部级工贸公司如上所述已经解散，其中之三中央投资银行重新主力商业银行。可喜可贺其中之二矿业外贸央企收复金属失地，又成为中国进口铜龙头公司，而且积极主动创新中国银行长期信用证预付款方式，终于说服智利国铜同意分期交付智利新开发厂矿所产金属铜，获得突破性成功，为世界最大纯消费进口国中国直接确保全球最大纯生产出口国智利的15年长期稳定资源——伽庇新矿25%（共约83万多吨铜）——分享成本价。又投资14亿美元，收购扩张过大负债过多的澳洲澳兹矿业集团锌铅铜矿，包括曾是全球第二大的锌矿，是中国决策"走出去"收购外国资源遭遇重重挫折种种损失中最顺利成功的收购。

*　　　*　　　*

中国铜业部长首长专家行家多次称赞我们专业团队："中国改革开放，经济持续高速增长，尤其是铜业生产加工制造成品出口突飞猛进，发展之快和增幅之高，远远超过我们所能计划设想：中国已经长期是铜世界的大工厂，中国制造的电话、电脑、电视机、电冰箱、空调机和洗衣机等等，畅销全中国，出口全世界，早已长期稳占全球市场龙头份额。与此同时，中国自己铜资源本已匮乏，早就供不应求，如今更加紧缺，程度之重和缺口之大，已经必须长期依靠进口70%（包括铜金属、铜精矿、废杂铜，甚至各种铜材），也已远远超出我们所能计划预料。

"天时地利人和，你们因缘际会，从零开始介绍带来全球最大厂矿智利国铜直销中国；我们铜业行内都说你们很有眼光，看准时机，抓紧商机，立了大功，为中国经济持续高速增长及时解决了日益紧缺铜资源，确保长期稳定产供运销。你们介绍带来智利国铜老总，名副其实世界铜王，不仅确保诚信保质保量按约按单全部完成供销合同，而且很有派头大气重视长期友好合作（不像亚非拉有些新厂总裁斤斤计较暂时价差甚至短重小利）。

"中国已经长期是全球铜市的大买家，当然一直关注世界铜市已经基本形成供求双方比较合理稳定的定价机制：以伦敦金属交易所铜价作为基价（和上海交易所基本同步），加上每年智利国铜根据运销成本适当调整溢价（只是基价1%左右），早已为全球铜厂矿遵循领袖导价而成普世统一标价，已经是全球铜业供求双方绝大多数普遍接受的国际合作行规，相对而言比较公平合理，可以持续稳定发展到可见的长远将来，可谓中西友好合作、供求互惠互利、长期共赢共进的最佳典范。"

*　　　　*　　　　*

2008年～2011年，智利国铜年产160万～170万吨精铜运销全世界（智利全国产销铜受铜矿品位趋低及断续罢工影响，总量仍旧稳占全球1/5），虽然其中运往欧美仍在克服金融海啸债务危机经济衰退因而大幅减少，但促销中国持续发展稳定市场仍能大幅增长，再创空前的纪录60%。中国长期已是铜世界最大纯进口需求消费第一大国，稳占全球产供总量40%；而以世界铜王智利国铜为首又以亚非拉太厂矿为主的全球生产供销，已经确保中国持续发展日益紧缺铜资源的长期稳定公平合理供应，可以持续发展到可见的长远将来。

铜篇后记

2010年～2011年中国持续增长引导世界经济逐渐复苏，艰难克服2008年～2009年美国金融海啸席卷全球空前大衰退；西方狂印纸币低息到零迫使银行存款投资商品，金银铜锡等贵重紧缺金属谷底反弹首先冲破历史高价。2010年11月11日，中国发布统计物价信贷均超预期但铜产量却微跌0.2%；伦敦金属交易所铜价当天涨2%冲破2008年历史高价8894美元，连创新高到8966美元。短短几年中西态势翻天覆地变化：2005年西方基金围攻逼仓，结果铜价空前暴涨，震惊全球；经过2008年西方金融海啸引发全球空前大衰退；到2010年中国持续稳定增长作为铜世界最大纯进口消费国，专业冷静应对，纷纷趁高获利回吐。国家储备局深刻吸取经验教训，年前低价储备金属，如今大量拍卖满足中国需求，结果铜价翌日伦敦高峰回落5%而上海交易所跌停板。中方再趁低补仓，打好基础，预备过年铜价再冲新高。

果然，中国2011年2月春节，"中假西炒"又再重演：西方趁中国放假，基金大肆炒作，传媒连篇累牍，片面报道中国增长继续大量增加纯进口铜，同时美欧"量化宽松"刺激铜等商品涨价，过分强调欧美示威、中国雪灾、澳洲洪灾、智利地震，各大铜厂矿含铜品位大幅递减又接二连三大罢工，直接间接影响生产供应，结论：全球供不应求，缺口越算越大到 50 万吨，以致推高铜价，每日屡创新高，"冲破历来价格走势图顶端必须重新制图"，不仅突破心理大关 10000 美元，甚至冲上历史新高 10190 美元。而中国政府先让人民欢度春节，精选开年前夕，四个月内第三次微增年息 0.25%，强调首先控制通货膨胀，迫使铜价高峰回落 18%，五月跌到 8400 美元。中国除上海交易所公布显性库存，还有（各行业开人民币远期信用证融资买铜套现周转）保税仓"隐性库存"共 100 万吨，不仅抵消西方强调"缺口"，甚至可能变成实货"过剩"？

2011 年秋，西方继续量化宽松大印纸币，欧债勉强暂缓危机并未根本解决问题，美国两党争拗难获国会通过国债结果评级降级，冲击正在艰难复苏的全球经济，引起金融海啸以来最大股灾暴跌 10% 甚至超过 20%，也即技术分界又入熊市（连基金大鳄索罗斯也收山结束金属大好友量子基金）。而铜世界最大市场主要动力——中国决策升级转型，不再依靠大规模投资基础工程拉动经济增长，同时继续控制输入性通货膨胀放慢进口铜（和铁矿砂）等金属原料，防止过高铜价不利世界铜市实体铜业，尤其是全球第一进口消费大国中国已是世界大工厂，当然最终也不利世界各国人民都是终端用户消费者。结果导致世界铜市，中西好淡博弈斗法，数月上下大幅震荡，已从历史高峰回落35%到6636美元。

过年铜价逐渐回升，2012年在七八千美元上落。

中国持续稳定增长经济，继续控制通货膨胀。强调稳定铜等大宗商品价格，防止过度投资投机炒作，保障供求平衡，注重实体经济，才能确保世界克服空前衰退，切实逐步复苏。

第二篇
新世界新金属——铝
举重若轻　举例普适

（中国超越西方成为铝锌铅锡金银世界第一生产消费大国）

第一章　新金属铝　现代文明

铜铝两大基本金属，虽然均与人类文明密切相关，缘由相传；但是古今中外开创演进变化发展，又大不相同、大异其趣，各成历史篇章，交相辉映灿烂。

铜在地壳含量虽少，但却有较多天然金属矿块，连同周围硫化铜矿石，熔点很低容易炉火粗炼，展延性高方便铸成器具，强硬度大又能经久耐用。因此，铜自然而然为人类史前祖先最早发现，可以炉火熔成金属，便于手工铸造器具，使人类6000年前走出史前原始石器洞穴，演化进入青铜时代冶金文明。所以，人类历来称铜为"古金属"或"最古老的金属"。

铝是地壳含量最多的三大元素之一，在金属中独居鳌头，比铁多一倍，但却绝对没有天然金属矿块，而且所有铝化合物都结构紧密，极难分解。直到青铜时代6000年后，将近100多年前，19世纪中叶，1854年法国科学家亨利·德维尔才在化学实验室用钠还原氯化铝钠，有史以来首次分离出数百克金属纯铝新元素。但其众多特性优点，立即成为当时西方工业革命高潮的新宠儿："新时代新金属"之名，名副其实，非其莫属。

英国现实主义文学大师查尔斯·狄更斯，早在1857年就匠心独具神来之笔，不仅惟妙惟肖地描写了当时在实验室中发现的新金属铝元素，而且预言了这种新金属必将为世界人类的现代文明大展宏图："你想想有一种金属，像白银般洁白美观，像黄金般永久不变，像红铜般容易熔炼，像黑铁般坚韧强硬；既可展延塑造，又能传热导电，而且质量独一无二比玻璃还轻吗？这种原料将应用于所有一切工业，必定前途无量；我们或可期待很快见到这种金属，以某种形态，掌握在文明世界的手中。"

时隔一年，1859年，法国Pechiney冶金厂终于提炼出人类有史以来第一块金属纯铝。纯铝金属，外表光亮洁白美观，内在质量空前轻巧，性质还能传热导电，展延可造各种型材，材质结构紧密坚韧：举重若轻，不折不挠；保身护体，防锈防腐。难怪法国皇帝立即抛弃镶嵌钻宝的沉重黄金皇冠，改戴创新稀世极珍的轻巧美观铝盔，耀武扬威，御驾亲征，传为铝史佳话。

1886年，同龄大学生法国艾罗特和美国霍尔几乎同时各自分别发明冰晶石氧化铝熔盐电解炼铝法，使铝冶炼工业及商业生产得以发轫，开创现代化大规模工业生产和大规模商业消费。铝价最初贵过黄金白金，十年减价90%以上。铝金属既然已集人类利用各种原料材料许多优点长处特性于一身，自然而然后来居上，超越铜锡铅锌等等,成为现代世界生产贸易量最大,而且消费应用最广泛的有色金属商品。

铝也能传热导电,虽比铜差得多,但比铜轻得多,单价更低得多,在跨山越水数百千里的高架电网领域,自然取代造价太贵负荷太重的铜。铝既轻巧又很坚韧更不锈蚀,在举重若轻的高层建筑高速交通行业,也逐渐代替笨重易锈的钢铁。铝展延度高材质精密经久耐用,在高级密封包装工业,又逐步取代易碎的玻璃陶瓷。铝可回炉再生循环使用,更大势所趋必然代替破坏绿化环保的木材纸包塑料。真是完全应验实现了英国大文豪狄更斯的睿智英明预言。

*　　　　*　　　　*

法铝普基集团作为铝世界的首创者,一直全力以赴,长期致力研究设计开发领先全球的铝生产加工制造应用全方位整系列的基础工业和高新技术:从上游铝土矿开采、氧化铝生产、电解铝冶炼,到中游热轧冷轧、加工挤压、铸造锻造各种各样新型合金铝材,再到下游先在欧洲后来更大规模在美洲,革新现代高层建筑、精密高档包装、先进高速交通等三大高新技术高级领域行业。

铝材轻巧美观,坚挺卓立,举重若轻,防锈防腐。现代化建筑材料,舍其而谁?经过加热挤压成各种长短厚薄形状的铝型材,成为铝门窗铝幕墙的不二之选,逐步取代笨重易锈的钢铁和破坏环保的木材,终于实现人类兴建高楼大厦的夙愿。美国新大陆,后来居上：万丈高楼，平地而起，摩天大厦，与天比高。纽约曼哈顿和华尔街的铝门窗铝幕墙高楼大厦，逐渐取代伦敦石塔钟楼和巴黎皇宫铁塔，成为现代化西方新世界国际大都会的最高地标和最新象征。

铝材质地紧密坚韧，防锈防腐，又是最好的包装材料，特别是食品饮料包装，牢固密封保鲜，防锈防腐保质，适合大规模生产和大规模消费，逐步取代容易破碎的玻璃陶瓷和破坏环保的纸包木盒。午餐肉、沙丁鱼、奶油蘑菇汤等等铝罐包装食品，上世纪大都通称为"美国罐头"（第二次世界大战正义之师赖此生存战胜邪恶！）；可口可乐汽水、美国啤酒、加州橙汁等等铝罐包装饮料，后来也通称为"美国罐装饮料"。（数量规模之大颇有取代法国、意大利、西班牙等欧洲美酒佳肴之势！）

铝材轻巧坚韧、举重若轻、保身护体、防锈防腐，更是现代化快速交通运输的必然选材。减轻重量才能加快速度：大势所趋必然用轻巧防锈的铝材，代替笨重易锈的钢铁。美国版图，东临大西洋，西到太平洋，横跨整个北美洲，幅员辽阔，必须大力发展高速交通运输现代化。用铝越多重量越轻，重量越轻速度越快，从汽车到火车、轮船、飞机，美国必然逐步成为铝世界最大的生产制造工业基地和最大的购买应用消费市场。

美国立国和平发展高速增长经济，综合国力后来居上，逐步赶超战乱不休的欧洲。到第二次世界大战日本偷袭珍珠港后，美国奋起抗战，迅速转型成为战时经济：从机械到枪械直到美式自动机枪,从汽车到战车直到美式两栖坦克,从货轮到战舰直到美国航空母舰,从航机到战机直到美国新型战机等等。美国率领盟军,在西线联合英国和苏联反败为胜,终于战胜罪恶滔天的德国法西斯,解放欧洲;在东线联合中国及亚太各国反抗日本侵略,终于迫使穷凶极恶的日本投降。20世纪美国经过两次世界大战,逐步超越欧洲列强,取代英国成为超级大国,也是世界铜铝等金属生产消费大国,可谓"美国世纪"。

第二章　法使特请　解释误会

中国改革开放以后，举国欢迎外商来中国投资。我们登门拜访中国各地客户用户，所到之处，受到了热烈欢迎。日本、韩国、新加坡、中国香港、中国台湾等国家和地区，你追我赶，准备了很多中英对照介绍资料手册。西方各国之中，英国、澳洲、加拿大、美国等等国家，利用国际商业语言英语的优势，迅速迎头赶上。相比之下，法国公司仍只用法语（联合国主要国际语言之一）甚至单一法文合同；但是中国从政府官员到工商客户，能讲法语的很少，真正了解法国的更少。连见多识广的中国老总们，曾经访问法国获得热情款待，也似乎先入为主留下误会印象，以偏概全，片面以为法国人最讲究吃喝穿住游览玩乐。

吃的是众口赞赏最佳美食——法兰西大餐：既讲究食材新鲜、烹饪美味，又重视餐厅环境、款待氛围；从开胃前菜到佐餐头盘，经漱口雪葩到美味主盘，直到精致甜点，最佳奶酪，一应俱全，丰盛精致，非常讲究。

喝的是众人欣赏最佳美酒——法国佳酿：专门讲究名醇，精挑产地、细选年份，密切配合所点菜肴；从餐前醒神钻泡香槟酒，到餐中滋润美味葡萄酒（白酒配白肉，红酒配红肉），直到餐后助谈甘邑白兰地，（还有香气洋溢的法式特浓咖啡）。

穿着打扮的是众望所归世界顶级名牌时尚：服装、手袋、香水、化妆品等等。

住的是举世共赞全球最佳维护环境保护历史整个名城花都巴黎，从香舍丽榭大街到树荫花园小巷和最佳绿化法国庄园，既有幽雅舒适环境，又具人文艺术氛围。

参观游览：有举世瞩目的巴黎罗浮宫等等展馆长廊，无数大师名画和巨匠精雕，令人目不暇接、心神俱醉；凡尔赛宫等等灿烂美泉名园和辉煌镜殿厅堂，让人赏心悦目、叹为观止；以及风靡全球的丽都和红磨坊夜总会等等，既有经典高歌曼舞美轮美奂，又有高新科技立体表演似幻如梦……

如此比较，我们中国很多大客户老朋友大都坦诚相告："我们中国刚刚改革开放，现在还比较贫穷落后，享受不起这些豪华奢侈品，必须首先注重发展工业科学技术现代化。你们法国介绍什么先进工业科学技术到中国来投资呢？"

这是当年纪实，如今中国人后来居上，赶超西东强国富民，已是旅游法国的最多团体，购买欧美顶级名牌的消费大客，也是光顾上述名胜景点的频繁访客。

当年我带我们法铝集团总部老总访问北京和香港，也登门拜访法国大使领事商务参赞。他们都很关心，特别问我中国工商官员和客户用户是否了解："在西方世界，法国一直与中国长期友好合作，也热诚希望对中国大幅增加贸易和投资。"

我如实向他们反映我们中国各地客户用户颇有上述片面误会。他们认真听取，还做笔记；先给典型法国式的外交礼仪答复："感谢中国朋友赞赏我们热情款待他们访问法国；我们享受法国高度生活水平，而且引为自豪，而这正是因为我们有发达经济和先进工业农业科学技术以及优秀文化艺术作为深厚的基础。"

不久，法国驻香港总领事和商务参赞约我们法铝公司会晤："我们重写法国先进工业科学技术介绍。你们法铝普基集团是法国国有化大公司，也是金属生产制造工业集大成者，所以也请你们参与起草：尽量用中国内地和香港比较熟悉的法国先进工业科技实际成就作为例证，不仅自然而然就能澄清以前或有的偏见误会，而且最好让广大民众喜闻乐见，才能更好如实宣传推广介绍。"

于是，我起草实际例证如下，都是我们法铝普基工业集团直接产销世界各国尤其是中国香港和内地客户用户，或者间接由我们提供铝等高级合金原材料给法国英国美国等欧美高端用户经高深专门技术制造最终成品，也促使我们不仅照发法铝集团西文年报，而且中文编印《法铝普基集团在中国业务简介》，获得中国行家专家称赞："我们金属行业介绍都太专门，甚至冷门，但你们公司简介读来饶有趣味。"

* * *

西欧工业革命开创了人类世界现代文明，其中有"新世界新金属"之称的铝就是法国普基冶金厂首创，提炼出第一块纯铝金属，而且一直致力研究开发设计领先全球的铝生产制造应用工业技术，确保铝成为现代世界产量最大应用最广的有色金属；特别用于革新现代高层建筑、精密高档包装、先进高速交通等三大高新技术高级领域行业市场。

中国尚未改革开放，香港已先发展成为东亚小龙现代化大城市，当初最高地标第一高楼，就是"康乐大厦（后来改名怡和大厦）"，位于市中心中环海边，渡轮码头一侧，巍然高耸，明亮圆窗，雄伟壮观。但当时流行的马赛克纸皮石外墙，却经不起强烈台风吹刮，竟然破裂飞坠，不幸砸伤行人（媒体甚至报道香港第一高楼康乐大厦"盛名之下，其实难副"，既不康泰，更欠安乐）。于是紧急吁请全球最佳最快解救良方，优选法国国有化普基工业公司，专门为康乐大厦设计定制安装领先全球最高标准级别的全铝合金幕墙：不仅一劳永逸从此安全，使"康乐"名副其实；而且铝光映照，蓝天白云，背山临海，成为香港的名胜美景象征和旅游摄影纪念明信片首选——第一高楼康乐大厦。

中国改革开放促进香港继续发展，中国银行香港总部新建中银大厦，特请著名华裔建筑师贝聿铭设计。他是首位华人荣获誉为建筑界诺贝尔奖的"普利兹克建筑奖"。他刚成功完成巴黎罗浮宫博物馆改建，选用法国普基铝合金结构玻璃金字塔，虽然巴黎市民起初颇有异议；最后古今融为一体完美最佳结合，首重环境全部保护原来宫殿壮观外貌，最新科技（光线、温度、湿度、避震）妥善保护馆内稀世文物艺术瑰宝公开展览，终于获得巴黎全市法国全国甚至全球恭贺盛赞。法铝合金新型幕墙结构著名建筑众多，例如巴黎戴高乐机场、西面新凯旋门等高楼大厦形成拉德坊新城，欧盟总部、西班牙奥运会主会场及世博会主会馆等等，举不胜举。鉴于香港中银大厦这块地盘，虽然位于全市中心，但地形不大又地质特殊，上半部是山脚花岗岩石非常坚硬，下半部是海边填海泥沙又极松软。贝聿铭决定用最坚固的三角形立体组合设计，再次优选法国普基集团最高级别铝合金结构玻璃幕墙，举重若轻，坚韧挺拔，整体形象像中国巨竹，节节而上高升中天，后来居上超越香港其他高楼大厦，成为当时大中华地区最高摩天大厦，香港象征性新地标，获得全港而且全国甚至全球的热烈赞赏。更引发香港风水传统空前热烈争论：中银大厦外形又像关公大刀，势若劈向右邻汇丰银行总行大厦（英国顶级设计师诺曼·福斯特的超前新型预制结构建造，外形如太空机器头顶激光枪炮仿佛射向左邻），时届英国百年殖民管治临近结束，香港即将回归中国而成为行政特区，千年风水传统又成特区新兴潮流。

法国普基铝合金加工制成硬罐或软箔，用作高级食品、饮料、化妆品三大高档市场密封包装材料，例如：铝塑复合薄膜包装法国特浓咖啡、欧洲特鲜乳酪、西方特色糕点等高级食品；为酒瓶盖封禁用铅箔而研制改成模压铝合金箔，荣获世界饮料包装业金奖，也为喜爱葡萄美酒人士带来一大喜讯；专利发明设计真空无气定量喷雾盖或挤滴器，专为全球顶级名牌香水化妆品定做包装瓶管盒盖。

法国普基铝合金材料，轻巧美观、坚韧牢固、不折不挠、防锈防蚀，更广泛用于制造新型高速交通运输载体，甚至最高航空级别专门用于制造航天载体，例如：不仅法国而且德国、英国、意大利等高级汽车轿车跑车；法国TGV高速火车持续稳定保持世界最高车速，已经超过日本子弹火车。我们好多次带中国代表团访问法国，随时随地乘坐高速火车，不仅省时准点超过了搭乘飞机，而且火车舒适平稳快捷。大家随意或坐或站，悠闲欣赏窗外风景，甚至共同茶会聚餐，慢喝咖啡浅尝红酒，饮料菜肴可平稳安放桌上。

　　法铝专门设计制造了全部用铝合金的高级汽车和游艇（完全不用其他金属，连支架也不用钢铁，连散热管也不用铜），到世界各大都市巡回展览。法铝特宽铝合金板（减少焊接）专门用于制造冷藏集装箱车和船；高速喷射气垫船用于世界各地，包括港澳及中国至香港高速渡轮。法国空中客车已与美国波音飞机不仅在性能优越方面并驾齐驱，而且在全球市场份额平分秋色；法英协和飞机是人类迄今最高速民航飞机，巨鹰腾飞冲天，真正超过音速克服时差（因此票价也最贵，一律超越头等，绝无其他等级，可惜曲高和寡，未能持续飞越世纪）；法国幻影战机，速度更快，刚在天边地平线飞现，一瞬间轰鸣满空，再刹那横贯苍穹。

　　法国普基工业集团还曾拥有世界最大锆冶金厂欧洲锆公司，专利生产高纯金属锆（及铪），专门真空精铸核电级锆（及铪）金属无缝棒管，专供密封内装铀等核燃料，是核电站（与核潜艇及航空母舰）的核心。其领先技术、精密工艺、优越质量，一直荣获全球最佳功效安全纪录。法国核电站超过全国能源供应80%以上，全球比率最高，安全纪录最佳。因此获得中国优选，建造全国第一个核电站，位置也优选最安全的深圳大亚湾；已经数十年安全供应清洁环保电力给珠江三角洲，包括隔海供给香港30%电力，减少香港（烧煤发电污染空气）30%排放。中国再建全国第二个核电站，位置也优选最安全的浙江秦山；已经数十年安全供应清洁环保电力给长江三角洲，包括隔海供给上海电力。这是全世界最严格的国际供求金属贸易合同，谈判时供求双方明确指定供（锆管厂）求（核电站）对象"五定：定地（地点）、定时（时期）、定质（质量）、定量（数量）、定用（用途）"，签约装运条款一律写明"以联合国《防止核扩散条约》委员会批准为准，尽快装运"。

*　　　　*　　　　*

2011年3月，日本惨遭九级大地震大海啸和核辐射空前灾难，我们深切关怀紧急捐助，理应正面吸取经验教训：日本核电站所用旧技术历经40年原定2010年期满，事实证明已经抵挡住9级大地震，但却被大海啸冲垮备用发电设备，来不及冷却核心导致升温引发氢气爆炸。但不能因噎废食。相对比较：法国核电站新技术在西欧和中国数十年事实证明，最安全可靠清洁环保。包括新技术确保核心升温产生氢气立即自动结合氧气中和成水。法国2011年4月再三强调："法国既无石油又无煤炭，而风力和太阳能实在太小无济于事，所以最早全力开发核电，获得法国全民普遍讨论达成共识全面支持，持续发展法国核电站领先全球最新技术最高标准，已经事实证明最安全可靠清洁环保，不怕9级大地震大海啸，甚至经得起大型飞机撞击！"

中国改革开放30多年的飞速发展，获得空前伟大成就，全球公认。但与此同时，已日益紧缺能源电力供应，更加依赖进口石油，连煤炭也已从纯出口国转变为净进口国。中国已经超过欧洲、日本、美国，成为世界能源最大进口国，所以确定长期能源决策：目前仍以煤炭火力发电为主，一方面优先发展水力和风力及太阳能等循环再生安全可靠清洁环保的新能源，另一方面仍然必须继续发展全球最多在建核电站（占全国能源供给从目前1%～2%将增至7%～8%）；当然深刻吸取东西方经验教训，全部优选世界最新技术的核电站硬件保护机器设备，而且严格遵守全球最高标准的核电站软件安全监控管理。相互比较，美国、英国、日本和瑞士等最发达国家也在继续开发核电能源。

第三章　法铝助中　发展铝业

我们英美布伦戴士贸易集团并入法铝国际工业集团，正逢中国刚刚改革开放，热烈欢迎中国政府英明决策：首先大力发展基本金属原材料生产工业，特别优先发展铝电解冶炼工业。我们立即向中国有关部门，全方位介绍法铝作为铝世界首创者，一直全力研究设计开发铝生产加工应用整个工业领先全球的先进技术和工业生产，从开采铝土矿提炼氧化铝，到电解金属铝冶炼生产，到加工制造各种各样优质铝合金材，广泛应用于各行各业。

我为法铝集团的首次出差，是带铝部美国总裁初访中国，包括参观中国当时全行业著名元老抚顺铝厂——原来是苏联所建法铝战前流行全球的老旧技术6万安培电流开口式自焙槽小厂。开口炉槽温差大，风吹起氧化铝粉混合碳极粉，难免黑雾弥漫、对面不认人，不仅高耗能浪费能源原料成本，而且高污染破坏环境有害健康，工人须戴口罩工作全身乌黑称为"黑领"，我们参观也是"白领进去，黑领出来"。我们坦诚答复中方："法铝早已淘汰这种高耗能高污染高成本低效率的第二次世界大战前老旧技术，不值得费时花钱再去改造，最好事半功倍直接引进我们法铝领先全球的高新技术。"

在快速发展的当代国际工贸市场，往往是决策者还来不及决定对策时，市场时不我待已经先行作出了抉择。当时，日本深受世界石油危机严重危害衰退之后，鉴于日本既无石油又无煤炭更无矿藏，战略性决定从此退出一切高耗能的原料生产工业，首先就是电解铝厂。包括刚引进的法国普基铝工业集团领先全球的先进技术：18万～30万安培高电流低电耗均磁衡预焙电解槽密封阳极炉的环保新技术：举世公认超前工艺已达最高效率98%，生产每吨铝锭综合电耗14500千瓦时，最佳环保干法废气净化全部回收氟化物。中国当即购进，不仅获得优惠大幅削减原来高价，而且事半功倍大量节省原定时间，更加还有法铝领先全球技术跟进服务，立即成为当时全中国最新、最大、最高技术标准的电解铝厂。

我们随即主动积极跟进，邀请中国金属老部长亲率铝业代表团走出国门，初访我们法铝澳洲分厂。其中抚顺铝厂老厂长，参观得十分仔细，注意到我们铝厂周围保留着原始森林沼泽，仍有大袋鼠等野生动物出没，水里还有很多野生大鱼巨蟹游来游去。进入大门，必须留下手表和信用卡等电子电磁用品（以防高电压干扰去磁），也须戴安全帽，但不必穿工作服。走进铝厂一看，世界级大铝厂只有很少工人，均穿白色制服，阳光透进车间，空气清新透明，炉槽全部密封，地上清洁干净。他不禁大受感动："我在中国铝厂干了一辈子，从来没见过你们法铝这样的新技术全自动全封闭铝厂，全部回收烟气特别是氟循环利用，确实大幅节省能源原料成本，真正重视环境保护，太干净了，就像医院一样！现在我明白为什么世界各国大铝厂都选用你们法铝普基专利的全新技术了。"

老部长是中国有色金属顶尖专家老行尊，亲率中国代表团访问我们法铝澳洲分厂：视察东南部电解铝厂，东部全球最大340万吨年产量氧化铝厂，和北部世界最大铝土矿。他在一望无际的露天矿中，亲眼目睹大型挖掘机就地挖起高品位低硅三水软铝土，只需直接工序设备，摄氏140度较低温度浓度就能提炼氧化铝，不禁仰天长叹："老天爷太不公平了！我们一直自以为中国地大物博：地是大了，物哪里博？我们中国铝土矿虽然多，全是低品位高硅一水硬铝石深井矿，还需巨大投资复杂工厂设备必需摄氏250度高温高浓度才能提炼出高纯氧化铝。"我们法国老总深有同感："铝土矿Bauxite一词来源于法国南部地名Les Baux，西欧工业革命在此发现铝土矿。与伟大中国相比之下，我们法国更是地既不大物也不博，既无石油又无煤炭更少矿产，所以必须全力研究发展先进技术一直仍在法国南部开采深井矿提炼低品位高硅一水硬铝石，近年才获得澳洲批准我们来投资全球最大氧化铝厂，大规模开采这里露天矿提炼高品位低硅三水软铝土。"

经过多年努力，我们协助中国逐步签约引进法铝普基领先全球的铝生产加工工业先进技术和设备，全都早已圆满投产，包括：法铝普基专利分解低品位高硅一水铝矾土矿生产砂状高纯氧化铝技术设备，已经成功用于中国最大氧化铝厂；法铝普基石墨阳极焙烧炉技术设备，已经圆满用于中国最大电解铝厂；法铝普基铝厂天顶自动控制行车吊机技术设备，已经普遍用于全中国各大电解铝厂；法铝普基连铸连轧技术生产线，从熔化铝液（净化除气）直接铸轧成铝板直至2毫米以下超薄片卷，已在中国东南西北部包括中美合资铝厂引进投产；法铝普基全铝合金高纯高压高架电缆技术交流会，协助中国发展全国电网；法铝普基电冰箱冷藏柜蒸发器生产线成套技术设备，已在华南年产100万套当时全国第一；法铝普基铝箔腐蚀赋能技术生产线，已在中国东南西北部电容器厂引进投产等。

*　　　　*　　　　*

时势造英雄，时代大趋势产生了市场大需求，促成了中国铝生产和加工工业，突飞猛进，后来居上；促进了全国各地数百上千铝厂如雨后春笋，茁壮成长，你追我赶，蓬勃发展；造就了大中华铝业一代精英，抓住历史机遇，克服创业艰险，获得空前成就。成功典范，遍布全国，仅从亲历，略举例证。

首先是铝型材挤压厂，用来制造建筑业铝门窗等框架，用途最广、数量最大。最先改革开放的广东珠江三角洲，捷足先登，先拔头筹。乡镇农民开创新厂，勤俭起家刻苦创业。我登门初访，沧海桑田开始城镇化变得面目全非，司机迷路，多次问路，终于来到门前，外观却不像工厂。原来老厂长故意保留祖宗农舍作为门口办公，"门口虽小，里面好大"，进舍后穿过高树，才见大片空地正在新建厂房。他保持南粤农民本色，仍旧短裤光腿拖鞋，先试订进口我们法铝澳洲分厂铝锭及挤压圆锭。出乎他保守意料，我们国际外贸高效海运竟然大大快过他国内内贸慢车陆运，他试用我们法铝优质铝锭后，对我们高效服务十分满意，立即再签订大量长期合同。一年后，我带法铝总部老外总裁亲访我们中国最新大客，预先如实简报如上，以免误会唐突失礼。这次轮到我出乎意料，中国厂长全新西装革履，豪华奔驰房车，亲来机场欢迎。他除了厂门保留风水农舍不变，新厂房已安装了他办公室连接控制中心，大办公桌面向十多台闭路电视大屏幕，一目了然全厂各车间现场实况，一声令下全厂听命："外商贵宾光临，大家专心工作！"我们参观工厂，已经安装的铝型材挤压机器设备，逐步从小型到中型到大型，精益求精，直到世界最新技术成套设备。我们老外总裁对我说："你的预先简报似乎有些夸张，他除了不会讲外语，衣着言行比我们更有大公司总裁作风，完全不像农民。"我只能根据事实回答："中国改革开放太快，人事全都日新月异。"签约会后，厂长宴请我们晚餐，先脱西装，酒酣饭足，已在桌下脱了鞋袜，最后光脚搁在椅上，开始用手按摩辛苦穿了整天新皮鞋的脚。我们老外总裁悄悄对我说："现在我看到你简报如实，绝无夸张；但我们道别最好不再握手！"我们多谢厂长盛情款待，挥手道别赶路：这家新厂后来居上，仍旧保持朴实作风，所有赢利全力投资扩建最新设备，飞速增产确保优质，年产量从数千吨翻几番到数万吨甚至数十万吨，荣居中国龙头，成为上市公司，大量提供优质挤压铝合金型材，不仅运销全中国各地，而且出口到亚非欧美全世界各国。

中国北方乡镇小厂制造低档廉价冰箱，改革开放初亏 140 万人民币，数月不发工资，换了多任厂长，直到现任老总来了才起死回生。当时国内冰箱供不应求，做出来都能卖光。老总首先注重优质产品，检查已准备销售的冰箱，发现 76 台有缺陷就拿起大锤要砸。当时一台冰箱相当两年工资，员工请求当二级货折扣买下。大锤砸烂冰箱时，员工号啕痛哭，从此改变工厂：确保质量第一，随时售后服务，扭亏为盈，从小到大，享誉全国，逐步取代高档进口货。十年跃居全国第一，走出国门成为世界名牌。老总讲述成功秘诀："什么叫作不简单？把简单的事情千百次都做得出色，就叫作不简单。我们不是居安思危，我们只能居危思进，凭本身竞争实力打进市场，走向世界。"世纪交替更新，中国香港上市，创新辉煌业绩：每天创出一个新产品，1.2 个专利；全球营业额 603 亿元人民币，世界品牌价值估计 436 亿元人民币，小冰箱、冰箱、洗衣机分别荣登全球品牌市场第一、第二、第三位。

下游铝材的大幅增产，促进了中游金属的电解铝厂冶炼工业。中国各地，特别是黄河中上游地区，开始是水电站提供廉价电力再生能源降低成本，后来在黄土高原地下开挖煤矿发展火力发电，兴起了新建扩建电解铝厂然后铝电煤联营的热潮。我们飞车登门拜访众多铝厂，特别赞赏当地中国厂长真情实感引发的豪言壮语："我们这里黄河中原大地，历来是中华民族的故乡，中华文明的起源发祥地；现在是中国铝工业改革开放的新起点，中国铝业走向世界的新高原！"

中游铝金属的大幅增产，促进了中国大量需求从进口铝锭，很快演进转型到进口上游精矿原料氧化铝。中国改革开放初期，外汇短缺管制极其严格，中国进口公司必须预先申请外汇额度，才能开进口信用证。进口铝锭计价方式类似金属铜，以伦敦金属交易所不停变动的价格作为基价，加上运保费等溢价，作为中国到岸价（所以中国买方坚持有权在未知月平均价前可向外商卖方预选点价）。铝锭交易数量，以集装箱为单位，可多可少。而氧化铝国际海运散装货，以一艘散装船为单位，订单合同没有小单或中单，起码一艘万吨轮零单；随着石油涨价运费跟涨，必需2万吨甚至3万吨以上一船才能摊低运费。中国最初进口零单计固定价，中外买卖双方讨价还价，十分艰苦，很难成交；因为中国当初尚非主要长期大客，船期通常一年之后。当时中国金属总部向我们法铝普基签约进口一船，过了一年到期执行：中方买方开信用证，外方卖方备妥货量，中方派船，外方装货；所以双方必须相互诚信才能确保配合履约。老副部长亲自紧急来电："年前定了两船货，市价已谷底倍升，遗憾你们竞争对手强词夺理，硬说我们开证延期一天故意取消合同。我们希望你们法铝信守合同。"我当即请他放心："我们法铝普基集团一贯最重诚信严守合同，衷心恭贺你们有专业眼光谷底签约只有现在市价一半，希望您老总督促铝部经理尽快开证，我们通知贵方我方已备妥货，请你们尽快派大一些船，充分利用你们租船方有权多装5%。"

我们一贯诚信履约，不仅与中央部门如此，同地方客户也是如此。曾有一船氧化铝，与华南地方客户签约成交；但到期这客户却没开证,而且失去联系。当时市价大跌,我们损失惨重当初曾怪他违约。后来才知错怪此客:他被合伙人嫁祸陷害,数年后才能澄清冤枉;再补定一船氧化铝,我再签约供货支持,年后到期执行合同,市价翻了一番以上。他准时开信用证,我按约多装5%,协助他东山再起,成功开创了华北民企工贸龙头。他衷心感谢:"我与张总特别有缘:您是南人北相,诚信口碑载道;我是南人北上,命定南落北上。"

中央副部长坦言,经过多年双方合作共赢成绩,已经认定我们十分诚信,确是长期友好合作伙伴;于是开始洽谈全中国首创进口氧化铝多年大量长期合同。我们根据国际惯例,提议按伦敦金属交易所铝锭月平均价13%,作为氧化铝装船价。中方主管副总精明能干,明知故问:"你们西方老外不是忌讳13吗?不如改成12%吧!"我坦诚答复:"我们报价已经是给长期友好合作大客的例外特别优惠价。"双方均有诚意,认真谈判:他努力配合尽早开证计价付款,回盘12.5%。我确保供货以中国进口首选我们澳洲分厂为主,每年可供一船其他产地运费对等,最后接盘"幸运数字12.8%"。双方相互诚信,合力克难创新,终于签约成交,开创全中国进口氧化铝第一个好多年超大量特长期合同。这在当时确是十分公平合理又优惠长期合作的计价公式,不仅加量延续10多年超额完成大长单,而且成为10年后中美最大长期合同"世纪巨单"的计价参数;甚至继续到中央部门解散之后好多年,其香港上市公司三任老总全都再三感谢:"我们最后几年基本就靠这个大长单呢。"

最后证明我们法铝总部氧化铝老外主管确有远见卓识："我们法铝工贸总部专业在全球市场买卖氧化铝，但这种很多年超大量特长期合同，也是绝无仅有。首先必须选对买方绝对专业诚信可靠，你选对了全中国最大金属部门又是香港上市公司。当然报价必须公平合理，才能互惠互利、合作共赢。更要审时度势开始，让中国买方，先易再难，再到后期，越加多利！"这个大长单，中西双方主管都经老中青改朝换代，连双方公司都已合并全球化改组换名，诚望同行老友翻阅本书读到此节，全都早已充分理解既是大长订单难免有时顺利有时困难，就让我们齐来分享曾经长期友好合作和谐共赢的感悟："前任开荒，后任种田；前人栽树，后人乘凉；前赴后继，耕耘收获；承先启后，继往开来。"最后数年应中方要求延期，随行就市略加调整，仍旧给予特别优惠：价格大大低于本世纪初全部履约完毕当时，世界市场氧化铝特长订单计价公式——伦敦金属交易所铝锭价的20%以上！

第四章　工商管理　中西差异

　　身处中西国际贸易之间，双方工商行政管理专业主管甚至行业领袖中央部长，都一有机会就关心问及对方的工商行政管理制度。20世纪80年代，上述中国金属部门主管外贸的老副部长挂帅主持，在深圳组织全国各大厂矿和各省市分公司主管外贸的经理数百人，集中参加外贸管理讲习班，委托对外经济贸易大学举办10多项专题讲课。

　　老副部长亲自点将邀请我："其中两个专题，我们认为最好特别邀请外商主管老总用普通话讲课。一是伦敦金属交易所期货贸易，这对我们是新的专业课题，但对你们已是日常工作，驾轻就熟，所以我们请你们竞争对手副总讲课（他老外上司只讲英语）。二是西方工贸国际公司工商行政管理，当然要请华人当第一把手来讲课，你张总是最佳人选：法铝工贸国际大集团主管远东分公司，不仅熟悉西方跨国公司的行政管理，而且了解中国国情特别是我们金属专业行情，才能分析比较，更加有针对性。"

我谢他热心邀请，但坦诚表示为难："工商行政管理制度，中西差别很大甚至相反，在中国大庭广众讲课很难掌握分寸：如果忌讳太多，就没法讲；但如放开讲，又担心有些话题比较敏感……"

他笑着打断我："张总你一直和我们中国金属部门长期友好合作，我认你是老朋友，就倚老卖老打断你：别担心，放开讲！中国已经改革开放多年，我们专业外贸，更要了解外国，走向世界。这次我们听众之中，有很多经理从未出过国门，都热切期待听课，特别是你们特邀外宾老总两次专题授课。对外经济贸易大学教授，书面出了题目，让你来做文章。他们出的题目，我看还不够改革开放。总之，请你讲你们西方国际公司行政管理的实际情况，尽量通俗易懂，切忌深奥术语理论。我老哥先谢你了！"

以下分段照录"对外经济贸易大学教授所出题目"，再简单扼要小结我的讲稿：

"如何做好政治思想工作？"我们国际工贸公司工商行政管理，在商言商，不干涉世界各国分公司所在地政治，不干扰所聘雇员个人独立思想。然而，我们十分注重奉公守法：严格遵循国际贸易公法，遵守公司规章制度，遵从所在地法律惯例，也遵照当地传统公德风俗习惯。例如，英女皇访问香港，我们照常上班；但绝对不干预而且不过问雇员下班之后所享有的充分个人自由，法律允许他们既可以去"夹道欢迎"，也可以去"示威抗议"。其实，全香港工商界绝大多数，包括我们公司全体同事，两者皆无。

"如何招聘员工做好人事管理？"我们西方国际公司招聘员

工，从上到下，全登主要报刊广告（或猎头公司）公开招聘，经过面试笔试公平比较，汰弱留强，择优选聘。我是远东分公司第一把手，也不例外，由英国总公司在伦敦《经济学人》刊登广告全球公开招聘；我写信附上详细履历，获邀专程飞伦敦面试，董事会都是犹太人，提问高度专业非常尖锐：西方金属国际贸易公司如何抓紧中国改革开放空前机遇开发对华贸易？我考取后直属总公司编制。我们人事管理招聘解雇，一贯奉行"双重监管"基本规则，简单易行：我招聘或解雇我们远东分公司各部门主管高级经理，须报请我的上司集团总公司老总监管批准；而我们远东分公司各部门主管高级经理招聘或解雇经理及助理，则由我监督批准。正因为人人都是经过公开招考，优选获聘，欣然迈进大门加入公司团队，所以人人自觉平等遵守公司规章制度，个个积极主动重视团队合作成功。（相比之下，假如依靠私人关系从"后门"溜进，难免变成"小圈子"或者"潜规则"，轻则拉帮结派势必妨碍团队合作效率，重则假公济私甚至危害公司根本利益。）

"如何改进员工奖罚制度？"我们根据公司规章制度，每年评估公司全体及每个雇员薪酬，按照当地通货膨胀幅度加薪（或通货收缩幅度减薪），控制在市场同行业平均水平之上。我们一直由全球主要会计师行对全集团年终审计，毛利扣除所有成本费用后的纯利预定百分比，作为年终分红，酬谢奖励员工。既然是百分比数，就能水涨船高，上不封顶，下不保底。我们这种年终分红，和中国的"奖金"有很大不同：我们首先注重每个雇员的实效成绩，不搞平均主义，不吃"大锅饭"，反对"没有功劳，也有苦劳；没有苦劳，也有疲劳"；所以我们特别鼓励优先奖赏劳苦功高的同事，年终分红往往高过全年月薪总额（讲到这里被当年这种讲课罕有的听众热烈鼓掌打断），但如果只是"苦劳、疲劳"就只能少奖励甚至不奖励，假如连续严重亏损，则会解雇。

"如何搞好计划财务管理？"我们分公司行政主管和财务主管每年10月根据总公司统一报表，详细准备当年估算年结并呈报翌年初步预算，当面用投影演示向总公司老总汇报（行政总裁、财务总裁、业务总裁、人事总裁）。我们根据所管各国市场当年宏观经济外贸到微观金属供求官方数据比较核对：多谢中国改革开放高速增长，我们分公司业务也随着持续增长，所以当年业务充分显示实效成绩，翌年预算也已尽力增长（成本支出详列具体加薪幅度和扩充招聘人数，甚至多少次长短出差，凭正式收据写明时地人事，实报实销）。总公司老总当场明确答复：或表扬我们整体实效成绩，或质疑某项业务非常升跌；甚或最后总结中国高速增长，要求我们预算再增加10%，甚至20%（弥补世界其他地区经济衰退业务萎缩）。

"如何开好公司员工大会？"我们国际工贸集团有300多家不同厂矿分公司遍布世界各国，不开员工大会。我们世界贸易总部每年夏天放年假前召集各大分公司主管开会（通常长周末在欧洲，以便大家从世界各地飞来聚会）。总公司老总主持，简要投影演示集团当年业绩再提出翌年目标；请特别劳苦功高的部门及分公司主管汇报实效成绩；然后根据跨国业务（如铝或铜）"工作车间"分组讨论如何改进业务，达成目标，再由各组代表向大会小结提问质疑辩论并提出具体建议；最后由总公司老总简单总结决议付诸行动。（每年10月预算会，刚才已讲了，比较详细，通常各大洲分别进行，我们是亚太洲。）比较而言，中国开会通常是老总一人宣读预先写定的书面报告，大家静坐恭听，再有分组讨论，也大都表示拥护同意，似乎以"一言堂"为主。而西方公司这种开会方式，老总主持但不多讲，而是表扬劳苦功高部门主管主讲，发挥榜样示范作用；鼓励分组"工作车间"集思广益、群策群力，提倡创新建议不同方案，可说是"群议会"。

"如何建立公司形象？"我们专业从事大宗商品金属矿产原材料（俗称"大五金"，而非最终成品"小五金"）国际贸易，客户都是专业金属厂商，而不是最终大众消费者，所以公司规定从来不登广告也不赞助传媒宣传推销广告。公司简介也很简单扼要，具体由公司专业同事代表公司向专业同行客户用户报价谈判签约执行，公司形象信赖专业同行专家行家"口碑载道"。我们大五金国际贸易金额虽大但利润微薄、价格多变，历来首先强调"诚信"：尊重合同，严守信用，报价一诺千金，合同一字千钧。我们严于律己，同时优选客户，确保所有合同按质按量按时按额全部履约，才能发展中西国际贸易双方长期友好合作共赢。

讲习会后，回到香港，老副部长来电致谢："我们讲习班最后评选对各堂讲课反应，大家非常赞赏你的讲课：中西对照，深入浅出，大受启发，甚至闻所未闻，振聋发聩，值得借鉴。再次深表感谢！当然你能理解，你们西方国际公司的管理制度，尤其是年终分红，虽然我们分厂分公司经理听众热烈鼓掌大表赞同，但是国内目前暂时尚无条件实行，只能期待于将来改进。"

　　老副部长早已退休谢世，开追悼会时我正出差欧美，特派铝材部经理专程参加敬献花圈。我写至此章节，深感足可告慰：各位部长、首长当年深切关心的中国金属行业，历经改革开放突飞猛进，逐步赶超欧美西方，已在金属世界大国崛起；包括工商管理和工资待遇，也都已后来居上，逐渐实行现代化全球化，达到世界水平小康中等以上。我这章节纪实小结，足以印证衬托中国金属行业的伟大复兴，也可告慰为此奋斗终生鞠躬尽瘁的各位部长、首长、专家。

第五章　西方救铝　供中借鉴

20世纪70年代全球石油危机，首次暴露出世界油田按照当时技术水准只够开采不到50年。随后引发的80年代全球经济衰退，相对而言，较少影响中国。中国刚刚改革开放，重视经济发展，激励中国人民欢欣鼓舞。中国政府英明决策：全力发展基本金属原材料生产工业，特别优先发展电解铝厂。

其实，当时铝世界全局大势，正在开始发生根本性的世纪变迁：随着西方工业化经过三世纪巨变从发生到发展到发达，西方发达国家已经开始从开采生产冶炼加工基本原材料的一级重工业，逐渐演进提升到高新技术深加工高增值的二级制造业，甚至逐步转型趋向注重三级服务金融业。首先，古老金属铜厂矿生产工业基地，已经从西方欧美百年老矿，逐步变迁到亚非拉太新厂。随后，新世界新金属铝，历来一直是以欧美大厂作为全球的生产中心和消费市场；到80年代已经逐渐潜移默化，开始发生根本性空前重大转变。

80年代末到90年代初，苏联、东欧联盟解体：虽然他们数十年一直是铝生产大国也是使用市场，但一旦解体立即导致当地需求一落千丈。而全球最廉价水力发电，供给苏联大铝厂继续不停生产铝锭，既然早已在伦敦金属交易所注册，根据"最终交易市场"的基本制度和游戏规则，只需买卖成交，卖方用注册铝就可交仓，变成伦敦金属交易所库存。于是，所有铝锭全都运到当时世界最大的仓储集散港——鹿特丹。当年，欧美发达强国已经因为石油危机而引起经济衰退，而建筑业和交通运输业两大铝主力消费市场更是首当其冲。结果，铝世界供过于求空前严重，伦敦交易所库存直线上升，从以往通常数十万吨，急速加倍猛增到数百万吨。与此同时，铝价却直线下跌，从以往每吨2000多美元，急剧暴跌大半，跌破心理大关1000美元以下。

基本金属既然已经成为全球化大宗商品，其市场行为客观变化规律，往往不依人们主观意志为转移，甚至完全超出普通常识范畴之外。数年前供不应求，价格猛涨，冲创新高，反而全球行家纷纷恐慌抢购；而现在供过于求，价格暴跌，跌破最低，反而全球买家寥寥无人问津。我们法铝澳洲分厂，大规模连续生产铝锭，库存堆积如山，早已满出厂外。法国老外总裁紧急来电，请我尽快大力促销中国，当时仍旧是纯进口国。我立即致电诚邀北京央企二大龙头，多谢长期友好大客户关照，当即应邀竟然同周光临悉尼。我们接连两天，分开接待谈判，当场成交签约，空前低价900多美元。中西双方均表满意：中方放量进口前所未有跌破底低价；西方终于减轻大量库存空前高压。恰逢悉尼歌剧院上演莎士比亚著名喜剧《皆大欢喜》，我们分别宴请中国代表团观赏。第一晚预订座位都在一起；第二晚客满，座位分散。我们让中国贵宾坐在前排头等，自己就坐后排瞌睡；朦胧恍惚之间，吟就对联自嘲："忙忙浮生，偷得来半晚悠闲；匆匆过客，挥洒去一场欢喜"……

*   *   *

连续出差法铝欧洲总部，顺道飞访世界最大铝母合金优化剂厂荷兰总厂（属世界石油霸主集团拥有，虽有驻华总代表处，但数十年从未顾及他们对华贸易，如今供过于求紧急委托我们法铝经销；这符合我们行规原则：一是专业同行相辅相成互不冲突，二是双方对等国际龙头互相配合，三是独家总经销互相排他；我们签约同一月内就以零的突破开创了中国市场的业绩，而且同年之内跃登全球海外市场龙头）。我在鹿特丹登高远望：亲眼目睹整个全球第一仓储集散大港，不仅码头仓库内外，而且全市广场空地，甚至大街小巷两旁，全都堆满金属铝锭；东南西北，全是铝锭，堆积如山；夕阳映照，铝光闪烁，耀眼昏花，晕头转向，惊心动魄……

*   *   *

法铝总部巴黎年会，副主席主管铝工业生产主题演讲。当时，世界铝市确实岌岌可危，全球供过于求已经超过极端。因为现代化电解铝厂是大规模长期不停连续高温生产的全自动工业，必须十分周全预备细致缓慢卸料降温才能停产，否则突然停电降温难免造成巨额投资高新技术炉槽设备损坏。虽然铝价早已跌破当年全球生产成本，全世界铝厂全都严重亏本仍旧继续生产，起初人人心怀侥幸，自己忍受亏损勉强硬撑，等竞争对手先破产倒闭。遗憾人同此心，人人拼命硬撑；结果（引用西方传媒）"全球铝业集体慢性自杀"。

铝世界"三大生产工业领袖集团"：铝世界首创者法铝普基集团（简称法铝），美国铝业集团（简称美铝）及其紧邻加拿大铝公司（简称加铝），被迫放下全球最大竞争对手架子，齐心协力诚意倡导其他主要纯出口国美、欧、澳、俄等大厂，紧急约会晤谈洽商。为了全球铝业救亡共存的根本利益，全球铝业顶尖领袖专业巨头集思广益出谋划策，逐步形成全体都能同意接受的基本共识：全球所有纯出口国铝厂，立即全部各自长期减产10%。在生产技术上确保安全可行不会损坏炉槽设备；在实际施行时各大集团势必少减高新技术低电耗低成本大厂生产，而相应多减甚至停产关闭老旧技术高电耗高污染高成本小厂。这对整个世界铝业而言，正好趁机因势利导，因祸得福，筛劣选优，汰弱留强，更新换代。

此事攸关西方世界所有主要大国主流工业，各国政府都十分关注；但因为当时盛行政府不干预自由市场经济，所以虽不公开出面却都全力支持。例如，西欧历来坚持对铝锭征收6%进口关税，颇受世界其他各洲反对压力，现在公开强调重申可见将来长期不变；所以数百万吨铝锭虽已在鹿特丹堆积如山，但对西欧仍是境内关外，必须缴付6%关税才能入口，但900美元跌破底铝价早已无能为力。

法国精英的外交才能和应对辞令，在起草联合签署时，发挥了关键功效：既然各国政府大力支持但不公开出面，这不是国际条约；虽然全球各大铝厂联合签署，但西方各国均有反托拉斯垄断法，这不应变成（类似石油输出国组织）"铝输出国组织"协议；最后定名《谅解备忘录》（Memorandum of Understanding，缩写MoU）。如今国际会议，大都冠以宏大名义，结果往往雷声大雨点小，缺乏实效。然而这次铝业国际联会，起名刻意非常普通平淡；但全球顶尖领袖专业巨头，为了挽救世界铝业争取共同生存的根本利益，全都主动积极全力以赴，确保全世界全行业全方位调动一切人力物力财力：全球最大氧化铝生产厂矿集团美铝带头连同其他大矿控制原料，暂停零单销售给不减产的出口铝厂；全球最大铝冶炼厂集团加铝带头连同其他大厂控制生产，准备妥当全面严格按照《谅解备忘录》减产；全球领先技术集团法铝甚至带头，特别优惠协助各国铝厂提高技术效率降低电耗成本，不仅抵消减产损失而且能够增加效率纯利；等等。

《谅解备忘录》终于签署，1994年初立即生效：各国铝厂各自实行减产10%，相互欢迎其他各国行家随时随地光临视察监督执行。毋庸讳言也有行家并不看好，但都公开表示"乐观其成"。全球铝业，全体行家，全神贯注，全看实效："感谢上帝救助自助者"，有志者事竟成，各国减产总量超过原定10%，结果立竿见影，市场立即见效。铝价从900美元破底低价，终于谷底反弹，而且直线上升60%，到1500美元以上，翌年上升至2000美元以上，不仅挽救了世界铝业避过"集体自杀"大劫，而且促成了全球铝业提高技术效率，尤其注重节能减排保护环境，大批关闭了高耗能高成本高污染的老旧小厂。

当时，中国仍旧是铝纯进口国，从未参与这场纯出口国协议。但中国铝业行家当然知道这件大事，立即来电："张总，法铝技术领先全球，你们关闭的老旧小厂，相对我们中国地方民营企业仍较先进；我们全部买进，自己负责拆卸，运回中国组装，可再继续生产。"我明知不行，仍得去问，结果转来严词拒绝："绝对不行！我们法铝总部千辛万苦联签《谅解备忘录》，已经紧急指令关闭我们老旧小铝厂；如果卖给别人，就是明知故犯。我们铝厂千方百计与当地政府和工会达成协议，好不容易解决铝厂关闭后职工失业救济尽快转业问题；假如关闭的铝厂竟然卖给外国继续生产，我们要被法律起诉，势必成为全民公敌！"不久，金属专刊报道："法铝关闭老旧小厂，已经拆成废铝烂铁"。

*　　　　*　　　　*

我比较详细记叙此事，不仅因为这是西方诚信挽救世界铝业的历史事实真相，而且更有供中国铝业借鉴参考的重要现实意义。事发当年，中国尚在发展铝业，仍旧是铝纯进口国，所以从未参与铝世界纯出口国大会，难免误会联签文名《谅解备忘录》似乎轻描淡写当时世界铝业空前危机，当然缺乏切身体会当时西方铝业生死存亡的震撼、敬畏、谦卑心情。世纪交替，中国已经后来居上，成为铝世界第一生产消费大国。近年以来，中国开始面临电解铝厂产能过剩，耗能过高，污染过多：中央三令五申必须关闭老旧小厂，但地方维护当地经济就业，结果迄今仍未根本解决问题。2011年4月，中央下令今后停止审批新电解铝厂。

第六章　轻装高速　西渐中劲

在西方国际公司主管远东分公司，一方面非常满意总公司充分信任，鼓励海外分公司主管发挥团队合作，每月结报业务成绩，每年完成预算任务；但另一方面，随着中国改革开放高速发展，我们后来居上成为集团全球主要分公司，总公司对我们的要求也与时俱增，日益严格，空前紧迫。

20世纪80年代末，我正在中国内地铝厂出差，周五接到总公司老总紧急来电："我们法铝普基集团刚收购世界最大美国国家制罐厂，成为全球铝合金等密封包装工业龙头，专为饮料、食品、保健美容化妆品等三大高档包装市场服务。包装工业必须就地设厂，就近服务，所以首选发展最快的中国。你立即赶赴实地考察，赶写中国包装市场初步调查报告，特别是软管化妆品市场，具体建议适当合资对象，筹备我们集团总厂老总尽快访华商谈中外合资。我首先承认：总部时先既无足够信息确切通知，事前也欠起步指示具体要求，只是紧急命令你去完成或许不可能的任务；

但是我们聘任各分公司主管，全都必须努力完成总公司指令一切有关任务。祝你克服困难，尽快回复报告。"

我立即中断出差，赶去机场临时补飞到当时中国最先改革开放最多引进外资的广东。生平从未用过化妆品，只能从零开始，翻查当地电话簿黄页分类有关工厂企业。先筛选致电小型企业，初步认识有关包装市场供求产销的基本常识；再飞车访问中型工厂，逐步了解有关包装材料的加工成品工序；最后精选大型集团登门拜访，才有足够自信专业约谈我们欧美总部准备尽快访华洽谈合资。好在中国改革开放（当时星期六仍旧上班），举国上下热烈欢迎外商来华投资；听说我们集团是全球最大铝合金包装公司，热情欢迎，给我关于工厂的简介和产品说明等相关数据，使我掌握第一手信息赶出市场报告，回复总部老总。他当即回电："非常感激你给我一个惊喜！本来估计你至少一整周才能初步简报，出乎意料你一个周末就赶交详细报告，甚至建议介绍具体对象，请我们包装集团总裁尽快访华洽谈中外合资。"

出差回来，我才逐渐获悉经济工商传媒头版头条新闻报道：我们欧美集团这次收购合并确已成为全球最大的铝合金材料包装工业跨国公司，为啤酒汽水等高档饮料、咖啡奶酪等高级食品、保健美容化妆品三大密封包装市场服务。在饮料包装方面，我们欧美集团当年已经年产400多亿个金属罐；致力革新二片铝易拉罐先进技术，专利发明设计可口可乐玻璃瓶款经典"予人手握美女细腰快感"的流线型铝合金罐身。在食品包装方面，为酒瓶盖封禁用铅箔而研制改成模压铝合金箔，荣获世界包装业金奖，也为喜爱葡萄美酒人士带来一大喜讯。在保健美容化妆品包装方面，专利发明设计的真空无气定量喷雾盖，专为全球顶级香水化妆品定做包装瓶管盒盖。

不久之后，我们筹办组织集团副主席亲率欧美包装总部老总代表团访华洽谈合资项目。90 年代初，优选中国 3 家龙头工厂合资铝合金包装工业，均占 60% 控股，分工协作由外方主管财务控制，由中方主管工厂生产：分别制造铝易拉开罐用于包装美国啤酒中国名牌汽水等高档饮料，铝喷雾罐及复合软管用于包装法国美国中国等顶级保健美容化妆品，铝复合软膜用于包装美国法国中国等高级食品；不仅畅销全中国，而且大量出口外销。

* * *

相比之下，我们原来领先全球的铝合金型材生产加工工业技术，与中国合资生产制造工业项目，虽然早就开始洽谈，但一方面由于中国迅速发展而中央部级金属集团逐步改组最后解散，另一方面由于我们西方集团本身也不停收购合并，结果中外合资项目谈判进展跟不上中国铝业市场的突飞猛进。

法铝型材工业主管总裁，约定日期飞来香港分公司会商。前夕下午，天气预报原本掠过香港的中级台风，突然加强升为 8 级吹来，根据香港法例必须让雇员立即下班安全回家，不久公共交通全部停顿。我紧急致电巴黎，但老总已去机场；（当年尚无手机电邮）我只能留言请航空公司第一时间转告。我遵守公司规则定妥五星大酒店派车接机，连夜多次致电：先获悉他航班按时起飞，但台风又再加强到顶 10 级，正面直扑香港；后获悉他航班安全降落香港，已把我留言转告给他，但无答复；最后获悉他终于入住五星大酒店，他已辛苦了，应让他安睡。

翌晨，我再致电，终于欣悉老总答复一路顺利，直到抵达降落才非常颠簸，但机场等车人多很费时间。我说顶级台风正面袭击香港全市停市，停顿交通，所有人都无法上班来公司开会；因此建议我自己开车去酒店与他会晤。他回答："我们既已约定公司会晤，还是照做，你接我去。"五星酒店与公司不远，但须绕道越过快车大道：台风竟然连根拔起路边大树，倒下巨大粗枝横亘路中；甚至吹脱高楼整排铝窗幕墙，掉下框架玻璃碎落满街。他是铝窗型材专家，才知事态十分严重。平时上下班人流拥挤，现在驶过街道不见人影。我小心开车转左转右，好不容易逐一避开重重障碍，终于进入公司大楼，自然空无一人。我和老总一对一坐在大会议室：他正式演示我们法铝总部领先全球铝合金型材生产技术，并准备向发展最快中国投资合资（显然本来准备大会演讲）；我只得照样演示中国铝合金型材生产销售市场概况，并简介中国十大铝型材厂，均已配套年产好多万吨领先亚太地区，继续扩展超过十万甚至数十万吨级晋升世界大厂。

法国总裁一生数十年专业主管欧美发达国家领先全球铝合金生产工业技术，相对比较，似乎不太信服中国从零开始发展铝工业很短几年时间，速度竟然如此之快，规模竟然如此之大，竞争竟然如此之强。我送他回五星大酒店，仍按原定安排由酒店派车送他去机场，事后才知10级台风取消很多航班，他在机场延迟颇久才能返航。他亲笔致函："多谢接待访港印象极其深刻！"单行一句，言简意赅；字里行间，西式幽默。

*　　　　*　　　　*

我们与中国最大铝加工厂的技术合资项目，双方开始均有诚意，包括互访中法西南工业首府，但中方正处所属中央部门逐步解散，五年五换主管部门：从全中国最大金属工业部门，到解散后临时集团，到暂属地方市政府，到暂归筹建中的铝集团，到并入铝集团（非上市主力）；其间老厂长年老退休，而新厂长又另谋高就。其实我们外方总部也正处于国际集团全球化收购合并之中，只是老外设法维持正常经营运作，虽然主管换将，但谈判代表包括技术老总退休后继续当顾问，让中方至少感到仍旧面对金发碧眼老朋友熟面孔。然而，如此重大中外合资项目，既然双方未能趁热打铁，五年弹指易过，惜无实质进展，终于坐失良机。

我们法铝集团与中国最大的合资项目，当然是参与中国最大铝公司海外上市的合资谈判，双方开始充满诚意，密锣紧鼓相互登门拜访会谈：我们很快在竞相参与的全球各大铝业集团之中脱颖而出，成为最后两家候选对象之一。中方老总坦诚相告我们法方老总："我们十分感谢你们法铝普基集团，改革开放以来一直与中国长期友好合作，介绍引进法铝领先全球铝生产加工工业各项先进技术给中国，特别是开采提炼中国蕴藏量大但是品位较低所以很难利用的一水铝矾土矿，协助我们中国后来居上，成为世界氧化铝和电解铝生产大国。中央金属部门解散，我们中国铝公司这次海外上市，只许成功，不许失败。我们真诚希望与你们法铝长期友好合作老朋友，进一步发展成为长期战略合资伙伴。然而,你们法铝参股建议中技术比重太大而且估价太高。相比之下,你们的竞争对手,美铝就是以资金为主,合资支持我们在美国上市。"十分遗憾,非常可惜,我们法铝总部,未能及时大幅改进合资参股金额,最后落选。

双方艰苦谈判,北京宴请我们,头盘是摆得十分整齐的一列昆虫,张牙舞爪,栩栩如生。我们总部老外副主席问:"这可怕东西是什么?"中国铝集团主席照实答复:"这是油炸全蝎,北京时兴名点,这家招牌名菜,滋阴补阳,健康食品,来来请吃。"老外全都望而生畏,搁筷作罢。

最后,我们诚挚恭贺中国铝公司终于成功在中国香港和美国股票交易所同时上市,成为中国铝业旗舰,在中国加入世界贸易组织之际扬帆起航,荣登全球最大铝工业集团之一。我们总部老外总裁以他体育爱好者的"幽默"说:"这场马拉松赛跑,我们是陪跑:但并非通常陪跑一小段加油打气,而是从起点到终点陪跑全程,充分表明我们法铝普基集团始终支持中国铝业长期合作老朋友的真诚友谊!"

* * *

中国改革开放迅速发展铝合金材的高新市场,普遍提高13亿人口衣食住行生活已达小康中等水平,大幅促进现代高层建筑和精密高档包装的庞大需求,再加中国制造各种各样家用公用电器电机产品畅销全中国而且出口全世界。中国民间单数小结家庭追求目标的"高级家用机电商品":改革开放之前是"老三转"——(机转的)手表、自行车、缝纫机;改革开放之后是"八大件"（家用电器）——收音机、电视机、录音机、录像机、照相机、洗衣机、电冰箱、空调机；世纪更新近年是"新三机"——（手机）电话、（计算机）电脑、汽车（加上不言而喻住房）。起初大都最好进口外国货；很快中国制造后来居上不仅畅销全中国而且大量出口全世界。时移势易，生动形象体现了改革开放带给中国民众生活水平的迅速改进大幅提高：从首重"衣食"，丰衣足食之后；已经转向"住行"，升级到更高消费档次。

特别是在先进高速交通运输的领域和行业，中国进入新世纪，加入世贸，更加突飞猛进，后来居上，升级转型，大国崛起。

在中国制造的高速汽车，不仅中国自己制造，而且提供优惠政策欢迎外商来华投资，成为世界最多外商投资合资制造汽车的全球大工厂。美国、德国、法国、意大利、日本等等国家的名牌汽车，都在中国制造销售，各自分享利润，合作共赢效益，和谐互利发展，共同促成在中国制造的世界各国汽车，产量销量进入新世纪，年增40%~50%，逐步赶过英国、意大利、德国等欧洲列强，越过日本，超过美国，2010年华丽转身，成为世界第一汽车制造大国。中国从历来进口，转型变成出口，逐年递增，不仅大量畅销亚非拉太新兴国家，而且开始销往历来汽车强国意大利、英国、美国等等。

中国制造的高速船舶，从双体喷汽水翼快艇渡轮，到大型散装集装快速货轮，早已从过去纯进口国，转变成出口大国，赶超西方强国。

尤其是高速铁路火车，中国近年，"引进——消化——吸收——再创造"，发展出中国独特工程技术，赶超日本新干线子弹火车和法国 TGV 高速铁路，成为全世界工程最大、里程最长、速度最快，更令全球瞩目。中国高速铁路在创新时速 350 和 380 公里之后，又综合平衡节能环保，稳定在 300 和 250 公里时速。（300 多公里是地面摩擦滚动的长久安全时速，再快就使车架车轮车轨相互加倍冲击超额负荷；如果再要加快就须升级改为空气摩擦——磁悬浮超高速列车——上海全球首先通行，应该说"飞行"430 公里，快捷安全。）中国发展已经够快，不必追求太快；尤其集体客运公交系统，更须"以人为本，安全第一"。

至于大型民航客机，中国最初购买美国波音飞机和法国空中客机整机；后来引进我们法铝专利飞机铝合金材，供中国飞机厂就地组装部件：从起落架，到尾翼，到水平翼，越来越高级别、高标准、高科技。中国自己设计制造的飞机，逐步从小型到中型，从军机到货机到客机，从畅销国内到出口国外，逐年递增。2011 年夏，中国参加巴黎国际航空展销年会，宣布自行设计制造大型民航客机；与法国空客和美国波音，英文名词首个字母，正好合成 ABC：中国大飞机届时亮相必然价廉物美，与历来垄断全球的西方欧美霸主，已初具雏形，期待将来三足鼎立，三分天下。

第七章　中国产铝　世界第一

中国改革开放，中央政府英明战略决策：首先大力发展基本金属生产冶炼工业，特别优先发展电解铝厂。中国铝业抓住历史机遇，高速发展，后来居上；突飞猛进，大国崛起，完全符合天时、地利、人和。

20世纪80年代起，石油危机世界衰退，迫使既无石油煤炭又无矿藏资源的日本、韩国、中国台湾，先后战略决定全部关闭、永久停产、不再考虑高耗能电解铝厂。日本原是亚洲龙头和中国主要进口产地来源，刚引进法铝最新技术大厂哀叹生不逢时正要夭折；岂料时来运转变卖迁到中国，开始"第二春"重新生产，生正逢时成为当时中国最大电解铝厂最新技术指标。中国大力鼓励引进外国工业投资先进技术，法铝积极主动全方位介绍领先全球铝生产冶炼加工制造应用工业技术，协助中国铝业飞速发展，后来居上。

80年代末至90年代初，上述世界衰退因苏联、东欧解体，更恶化世界铝业供过于求，陷入空前过剩危机。虽然西方铝业生产出口大厂紧急协议签订《谅解备忘录》联合减产10%，挽救世界铝业免于"集体慢性自杀"；但如开刀治愈大病毕竟留有后遗症。法铝作为铝世界首创者，一直位居铝业龙头，高新技术领先全球，但经此一疫，过不了多年，就被全球化收购合并。

中国当时仍旧一直是铝纯进口国，所以从未参与当时铝世界纯出口国大会联合签订《谅解备忘录》，当然完全不必遵循减产10%。事实上，中国既然纯进口供不应求，必然继续高速大幅扩建增产，囊括了90年代中下叶全球产能产量绝大多数增幅。我们带法铝铝部主管老总访问中国新建电解铝厂，尤其是新型铝电煤联营大厂，全都表示极其诧异惊叹："世界铝业史无前例，在如此短促时期之内，在如此集中地区之中，同时同地兴建起最多电解铝厂，你追我赶越来越大，达到最急剧的增幅之极：我们西方列强100多年开创累积铝生产冶炼工业综合实力，你们中国人仅仅短短10多年改革开放优先发展就后来居上！"

中国铝业技术老总和大厂厂长，多次感谢我们法铝真诚协助中国引进法铝领先全球先进技术，同时也对西方埋怨中方只引进一两条生产线关键设备核心技术专利之后就自行仿造，坦诚表示："你们在非洲和中东甚至澳洲的新技术大铝厂，一直由你们自己技术专家担任厂长总工程师；但你们在我们中国签收你们技术引进项目之后就离开了。中西之间在这方面完全不同：我们中国所说国产化，不仅消化吸收你们外国先进技术，而且创新综合发展形成我们中国一整套全系列技术设备。你们西方强国似乎历来低估了中国技术的专业能力实力：我们中国电解铝厂，在法铝先进技术的基础上，改进国产配套标准化技术设备，同样达到生产每吨电解铝单位综合耗电 14500 千瓦时等国际先进技术指标。除了节能减排烟气回收环境保护方面不够严格仍须改进，我们实际上大幅减少了西方铝业先进技术标准的建厂成本：每吨产能投资成本仅占西方一半。"

中央决策的大力支持，中国市场的巨大需求，地方政府的全力扶助，行业建厂的强大实力，尤其是中华铝业精英的创业拼搏，创新发展，众志成城：联合促成中国铝工业在 90 年代中下叶突飞猛进，短短几年，翻了多倍，中国电解铝厂总数，已多过外国生产厂的总和。与此同时，俄铝东欧联盟解体分崩离析，法铝西欧太高福利成本盛极而衰，澳洲加拿大地广人稀缺乏本国市场，甚至美国缺电加费大批关闭铝厂。全球铝业彼消此长，大势所趋，西方需求减半；中国铝业后来居上，大国崛起，世纪交替，终于超越西方欧美列强。

2001 年，世界铝工业从量变到质变发生根本巨变，"西方不亮东方亮"，铝生产西方剧减中国猛增。铝世界最大生产消费霸主美国 2000 年产量 367 万吨，经济衰退供过于求，中西部干旱猛涨电费，迫使铝厂纷纷停产关闭，剧减 103 万吨，大跌到 264 万吨。世界第二产铝国俄罗斯缺乏资金原料及本国消费需求，10 年停滞不前，仍旧约 300 万吨。与此同时，中国突飞猛进，全国纷纷扩建新建电解铝厂，2001 年大幅增产 100 多万吨，全年已达 343 万吨，产能更高达 400 多万吨，此长彼消，中国真正"大跃进"大步超过美国和俄罗斯，一跃成为铝世界第一生产消费大国。

中国2001年上半年仍旧支持西北边境贸易，以优惠政策进口20多万吨铝锭，年中突然下令立即停止，下半年已迅速改为出口，全年出口30万吨铝锭，首次多过进口，成为纯出口国。大势所趋，中国铝业在短短几年之内，从历来纯进口国，华丽转身，变成纯出口国。中国有色金属工商全行业数万精英带领数百万行业工友，抓紧历史空前机遇，力克改革千难万险，开山劈水，拼搏创业，披荆斩棘，辛苦发展，雄图大略，迈向世界：终于在世界蕴量最多产量最大应用最广有色金属——铝，迈进新世纪第一年，荣登全世界第一生产消费大国，而且从此长期稳占全球供应需求的30%～40%。

作为铝世界工业首创者和全球三大生产大厂之一，我们法铝普基集团公司数十年来一直向中国销售铝金属；但是必须紧跟市场变化，立即180度急转弯，同年改为采购中国生产铝锭。

*　　　　*　　　　*

中国铝市场需求，人均每年消费铝金属量，改革开放前不到1公斤；改革开放30年翻了十番，世纪之交已超过10公斤，达到世界中等。改革开放初期，中国首先注重资本投资基础建设和中国制造各种成品供给出口；改革开放近期，中国政府日益重视提高人民生活水平和促进国内消费需求。而铝正是主要用于铝门窗铝幕墙高层住房建筑业，铝包装高档饮食日用卫生保健化妆消费品，铝板片组合各种高级公用家用自用电机电器，铝合金制造高速车船国内国际交通运输业；随着广大人民生活水平日益提高进入小康水平中等以上,铝市场需求必然与时俱增水涨船高。

轻金属铝,比重只有铜铁1/3,是名副其实的节能材料,多用铝代替钢铁等其他较重材料,能大量节能减排30%以上。尤其是交通运输业,西欧汽车用铝合金代替钢铁,减轻重量10%～20%,就降低油耗8%～16%,结果综合降低能耗和减少废气排放,造成更高的经济效益和更好的社会效果。节能总量超过相应电解铝耗能,这特别符合中国能源现状长期趋势即多煤少油。铝的使用周期可长达数百年,能回收循环使用数十次,再生铝耗能只相当于电解铝的3%～5%。中国仍处于铝发展期,目前废铝进口超过75%,大大多过国内回收不到25%,尚需增长至少10年,才能累积到西方发达强国目前再生铝回收等同电解铝消费。

这又与城市化密切相关,同步发展,正比递增。中国目前城市化从改革开放初30%,迅速增长到2011年的47%～49%,2012年首次达到50%,必定持续稳定地增进到长远的将来,逐步发展到欧美发达强国的更高标准70%～80%。所以,中国铝业在可见的长远将来,必定仍然持续发展确保增长,长期稳居铝世界第一生产消费大国。

铝篇后记

美欧西方 2008 年金融海啸席卷全球，2009 年～2011 年经济空前衰退，铜铝基本金属大宗商品首当其冲高峰暴跌过半，导致中国铝业整行业大批大幅亏损，十分感谢国家储备局在最困难时刻，大量收储中国各大铝厂积压库存数百万吨。

2011 年，世界铝生产总量和库存总量又创空前新纪录，高达 4600 万吨和 500 万吨。但库存绝大多数被西方财团联合铝厂用于财务融资，前者向后者买进相对低水现货，立即锁定 2012 年底远期高水每吨 100 美元，再签特别优惠仓单长期存放仓库。暂时不会涌入世界铝市，以免供过于求大幅压低铝价。

中国 2010 年为达五年计划节能减排目标，大幅减产停产 265 万吨铝（2011 年勒令永久关闭太落后高耗能高污染老旧小厂 62 万吨），但产量从 2006 年 1200 万吨已经猛增到 2011 年空前最高 1756 万吨，（而产能尤其大西北更继续剧增再创新高 2280 万吨，高占全球总量 40% 以上；中国已经长期稳居铝世界生产消费第一大国，但所占比例已趋偏高）。

　　铝金属的电解冶炼工业，历来一直是以欧美百年大厂作为全球的生产中心和消费市场；到世纪交替已经根本性空前转变到亚非拉太新厂。尤其是中国、印度、俄国、巴西、南非"金砖五国"均是产铝大国，能源成本已占铝生产成本 30% 以上，中国更达 40% 以上。所以中东就地利用油气发电炼铝大幅增产，但当地消费需求有限更趋供过于求。油价直接影响高耗能铝生产工业，2011 年以来，北非中东变天，引起油价高涨又到 100 美元；日本核电辐射，更导致全球能源涨价预期。伦敦金属交易所铜锌铅镍锡等基本金属均高峰回落 30%～50%；只有铝价从金融海啸空前衰退谷底倍升，2011 年逆市上升 5%，屡冲金融海啸以来新高。但中国国内市场供过于求，仅上升 2%，反而库存倍增 200 万吨。2011 年末，铝价（从 2008 年历史最高 3380 美元回落 41%）从 2011 年夏高峰 2823 美元回落 30%，到 1980 美元。年底，欧美铝业集团停产减产 100 多万吨，使铝价 2012 年回到 2000 美元关键价位上落。

　　中国耗能总量已超过美欧成为全球最大，越来越多依赖进口石油和天然气及煤炭。中央出于长远利益持续稳定发展，注重节能减排，环保安全，必须控制高耗能高污染铝冶炼工业；而地方重视经济产值增长，地方财政收入，居民就业社会安定，则力保高产值高纳税铝冶炼大厂。本来 2011 年有 300 万吨新产能建成，再加 300 万吨在建（共 600 万吨巨量即全国近 1/3 产量，1/4 产能）；但中央 4 月再次强调停止审批任何新项目。

中国中央政府对铝行业的一系列政策措施，包括对金属铝锭原料出口征收15%关税等于禁止出口能源，就是为了达到两大根本长期战略目的：一方面控制电解铝产能的过快增长，防止产能严重过剩和行业大起大落；另一方面控制高能耗、资源性的铝金属初级原材料大量出口。产业政策要求铝行业发展以国内需求为主，升级转型发展深加工高技术多增值成品，首先引导满足国内消费需求，然后再适量出口世界各国，也是实现中国政府提出的节能减排目标的有效措施。中央这些正确政策只要全国铝业上中下游真正贯通认识贯彻落实，就能够确保中国铝业走上可持续发展的长久愿景。

第三篇
亲历金属世界贸易
试析中西人文误会

（中国超越西方成为金属世界大国）

借鉴19世纪英国现实主义文学大师狄更斯名著《双城记》开卷，经典排比正临历史巨变的英国伦敦与法国巴黎（括号加上对比各经千禧递嬗东方中国与西方美欧）：这是一个最好的时代（比较而言世界空前和平安定繁荣，中国改革开放经济腾飞），这是一个最坏的时代（"911"恐怖袭击引发西方反恐战争，然后金融海啸全球衰退），这是一个最睿智的年代（科技日新月异，世界经济繁荣，促进全球化城市化网络化），这是一个最愚昧的年代（急功近利过度消耗，使全球气候暖化环境污化贫富分化）；这是一个信心洋溢的时期，这是一个信仰破灭的时期，这是一个阳光普照的时光，这是一个黑暗笼罩的时刻，这是一个希望的春季（期望全球和谐共赢），这是一个绝望的冬季（忧虑世界末日来临）；我们前面无所不有，我们前面一无所有，我们共同直升天堂（人类飞向月亮太空），我们一齐坠落地狱（自杀炸弹同归于尽，西方巨债拖累艰难复苏，全球经济重临衰退深渊）——总之古今相同，名嘴雄辩各走极端，但都坚持：唯有顶级形容词才足以比较世局。

中国改革开放，突飞猛进、日新月异、变得太快，所以要求稳，"稳定压倒一切"：中国变革抓紧历史机遇，和平复兴大国崛起力争转型升级，变化太快必须警惕急功近利，切忌逐渐淡化人文优秀传统。

西方发达百年，盛极而衰、好逸恶劳、停滞不前，所以要求变，"变革突破困境"：西方放任金融自由市场，爆发金融海啸席卷全球空前衰退，负债过度、福利过高、博弈过分，连年印制纸币势必虚化经济。

第一章　四大发明　和平证明

本书以上两篇,记叙笔者亲历中国在铜和铝两大金属世界,改革开放 30 多年,飞速发展持续增长,后来居上,大国崛起。而我首先介绍金属世界领袖厂矿集团初访中国,又是另一个基本金属——镍;时间也更早,正逢中国刚刚改革开放。因缘际会,让我更多感恩天时、地利、人和,感触深刻,铭心刻骨。

中国历尽十年浩劫深沉苦难。中国政府英明决定不再闭关锁国,制定国策大力改革开放,重新欢迎外国来华贸易投资。欧美西方应邀重新探访东方中国。中西世界两大文明,阔别数十年久之后,跨越时空重新握手幸会:双方诚望消除过去误会隔阂,格外关注对方新旧对比进展,特别留意相互尊重彼此有别存异求同。如此重新认识,从零开始交往,开拓中西国际贸易,发展长期友好合作,确实磨合出诚意激情更多火花,激发起真知灼见更亮闪光。

我最先加入英国龙头公司,不仅因为英国是西方最早和中国发展外交贸易关系，而且英语作为国际通用商业语言，伦敦金属交易所作为世界基本金属交易中心，有更多机会代表当时尚未与中国直接贸易的美欧其他西方大国龙头厂矿集团。最典型的实例之一，就是国际镍公司，雄霸当时全球镍（铬）采矿冶炼工业一大半，但其美国镍合金总厂，却尚未与中国直接贸易，所以委任我们英国公司作为对华商务代表。我们拜访中国冶金部对外联络事务处（简称外联处），双方同意我们组织国际镍公司代表团初访北京中国冶金部，举办高镍（铬）合金技术交流会。

我们国际镍公司代表团一行数人拜访中国冶金部，大会堂已坐满听众，还有不少人站在后面。大多数是中壮年人，前排还有不少老年人，全穿着蓝色解放装，看来都是专业行家前辈领导。外联处主任简单致辞欢迎我们，我简单答谢逐一介绍我们国际镍公司代表团队成员，并递上名片。中方介绍："今天在座都是我们有关部门的同志们，但我们还没有印制过名片。"我当即用笔记本手写全场传递："多谢各位贵宾光临，敬请留下贵姓大名、单位职称、地址电话、对我们产品业务有何需求询问，以便我们跟进服务。"会后收到好多页留名，每人一行端正书写：果然都是中国金属行业的顶尖部长、首长、专家、行家。我们就此从零开始金属世界中西国际贸易，与中国改革开放同步开拓，逐步开展，逐渐发展长期友好合作关系。

相互简单介绍后，我就开始翻译我们美国专家的专题演讲。当时只有简单的幻灯机，他放出第一张幻灯片，是一个古老青铜的平滑底盘，上面放着一把深黑色金属椭圆底的汤匙："这是磁铁，汤匙柄自动指向南方，称为司南，后来改进成指南针——中国古代四大发明之一。"

传说中华民族始祖黄帝发明磁铁指南车，大雾之中，指挥有方，战胜蚩尤，一统天下。到春秋战国时代，有人用磁铁琢磨成汤匙模样，放在一个平滑的青铜盘上。中华民族千百年来利用指南针，指明南北东西交通方向：汉魏盛唐开辟"丝绸之路"，穿过戈壁沙漠，与西域经西亚（与大秦即欧洲古罗马帝国）通商，把中国的高级制品丝绸陶瓷和先进技术造纸印刷传给西方；直到大明郑和强大船队"七下西洋"，开创"海上丝绸之路"，向东南亚、南亚、西亚，直至东非各国宣扬中华明朝繁荣亲善和平诚意，赠送金银财宝、丝绸，陶瓷厚礼，虽有强大军队实力却从未侵略占领任何国家，也未杀戮奴役任何民族，甚至没有开拓通商海运，但确实是世界航海史上开天辟地的丰功伟业。又过了一个世纪，西方文明才初次派遣帆船，漂洋过海，跨越大西洋，"发现新大陆"北美洲，然后征服南美洲，殖民亚非拉太各国。毋庸讳言，中西两方截然不同的历史事实真相：西欧入侵者屠杀征服当地土著居民，抢劫掠夺当地财富黄金。

美国镍铬专家的第二张幻灯片，是一把青铜宝剑，剑光四射，剑刃锋利，表面有精美菱形纹饰："这是中国 1965 年出土的公元前数百年春秋时代越国国王勾践自用剑。上海博物馆和上海材料研究所，研究发现越王古剑，已实际应用合金热扩散原理，用锡基铬合金粉末涂敷在青铜剑表面，加热使合金成分扩散到剑身之中，既形成非机械镶嵌的美观菱形纹饰，又大大加强防锈抗蚀能力,所以历经2000多年仍旧极为锋利。美国直到20世纪才炼出金属铬,1950年申请金属铜表面镀铬技术专利。"

原本很易生锈的钢铁,加入12%的铬(或镍),就变成不锈钢。中国"大跃进"唱歌"1070万吨钢",空头口号"超英赶美",并无实质基础;直到改革开放才真正注重经济,开始突飞猛进,尤其钢铁工业更以每年双位数递增,后来居上,大国崛起,真正"超英赶美":千禧递嬗,已达2亿多吨钢铁,跃居世界第一,超过美英总和;2009年更创7亿吨新高,占全球40%。(中国铁矿70%依赖进口,是世界其他进口国总和的两倍,是全球三大矿业集团总出口的一半。)

当年另一次技术交流,是采矿专用定点定向定量炸药爆破作业。西方专家不约而同,放出第一张幻灯片,是中国火药放上夜空"烟火礼花":"这是火药——中国古代四大发明之一;而且中华民族数千年来用于和平喜庆用途——烟火礼花。中华民族四大发明数千年来用于和平用途,历史证明伟大的中华民族是爱好和平的民族。对比之下,我们深感惭愧遗憾,火药传到西方之后,主要用于发展枪炮弹药武器,用来猎杀动物,甚至用来杀人,沦为军事用途。我们今天感到十分欣慰,初次拜访中国登门举行炸药专题技术交流,又回复原始发明人中华民族原来的和平用途——我们如今专门用于开矿爆炸和建筑拆楼。"

当年,中国刚刚改革开放,我带西方厂商初访中国技术交流,听众大都专心静听,不善与外商交谈沟通,很少当场提出问题,更不当众表达感情;但当时在停顿沉默片刻之后,却罕有地爆发出长时间热烈鼓掌。

会后,坐在前排几位老年领导特地要我翻译感谢西方专家:"我们再次感谢贵公司的技术交流,特别是你们强调中华民族四大发明之一——火药,用于和平用途烟火礼花;中华民族四大发明数千年来用于和平用途,历史证明伟大的中华民族是爱好和平的民族。讲得太好了!说出了我们的心里话……"中西双方热烈紧握双手,我亲眼目睹中国老领导热泪盈眶。

中华民族四大发明——指南针、火药、造纸、印刷,数千年来都用于和平用途;后二者更用来写字印书,记载知识,教育人民,传播文明。这当然并非偶然,而是历史的必由:中西文明数千年历史,上述相互比较包括正比反比充分证明,中华民族是爱好和平的伟大民族。

2008年,中国北京主办奥运盛会,开幕典礼无与伦比宏大壮观精彩表演,激情演绎中华民族四大发明,爱好和平、追求和谐、承先启后、继往开来、发扬光大,赢得了全球各国人民的热烈喝彩和共同盛赞。

西方尤其是欧美,长期以来对东方历史,特别对中国文明有一大误区——所谓"黄祸"——泛指黄种人成吉思汗统率蒙古骑兵,从东向西,烧杀抢掠,血流成河,灭国无数,征服几乎整个亚洲和欧洲东部直到匈牙利,包括东亚中亚黄种人、南亚西亚红种人和北亚东欧白种人,开辟了人类世界历史上疆域最广、版图最大、人口最多的蒙古帝国。但对人类文明却大都是负面破坏:男子拉作壮丁,女子逼为家奴,夷平皇宫寺庙教堂,焚烧书籍经典档案,抢光金银珠宝财富——西方史册均指破坏人类文明倒退了数百年。然而,欧美西方把所谓"黄祸"生硬的算在中国和中华民族头上,如果不是缺乏历史常识的无知,就必定是故意颠倒是非的歪曲。

历史事实显而易见,当年本来是中华民族的宋朝(即2010年上海世博会中国馆《清明上河图》古画结合现代科技生动活泼展示的和平繁华歌舞升平,获得举世瞩目高度赞赏);后来却被当时中国北方的外国——蒙古武力入侵。中国宋朝爱国英雄将士首先奋起抵抗蒙古侵略,保卫祖国壮烈牺牲;更有中华民族众多普通百姓,惨死在蒙古侵略军铁蹄之下。蒙古侵略军占领亚欧建立蒙古帝国(其中原来中国宋朝改朝换代称为元朝)。中华民族的中国宋朝,与当年欧亚各国人民遭受同样甚至更深重的灾难,都是被蒙古帝国侵略占领的一方。

* * *

中国改革开放之后,大力引进西方先进技术设备,包括我们法铝领先全球的铝工业技术设备。其中定价昂贵计价繁复的科技产权专利费,更是中西双方艰难谈判的重中之重。双方技术主管均已独当一面,又是长期友好合作伙伴,在专业谈判之余笑谈忆及上述往事。中方老总不禁感叹说笑:"我们中华民族悠久历史四大发明等多少发明创造技术,毫无保留传送西方,不带条件传遍世界,从来没有收过任何专利费。而西方根据中国古代四大发明等发展的现代科学技术,就毫不客气反而向我们始创者中国收取昂贵专利费了。"西方老总肃然回答:"我们西方工业革命初期也有很多伟大发明创造免费传给全世界,但遗憾很多发明家穷困潦倒、英年早逝。所以后来各国公认,研究发明创造新科学技术是确保人类社会持续发展的根本关键,但却需要大量人力、物力、财力,尤其是顶尖科技专家长期努力甚至终生奋斗。因此开始专利法专利费,鼓励保障发明创新:西方工业革命从此日新月异,突飞猛进,改天换地,创造出崭新的现代世界。我们万分感激早已习惯这种知识产权制度,确保我们人类社会不断创新持续发展。"中西老总都是技术专家,当然尊重科技发明创造,相互握手相视大笑,气氛友好融洽一片。

*　　　　*　　　　*

中国当代科学技术领军天才钱学森,为中国科技创新富强,鞠躬尽瘁贡献毕生,逝世之前深情发问:"中国为什么老是培养不出杰出人才?"2011年秋,美国信息科技创新天才,苹果计算机电话公司创业主席乔布斯患癌逝世,全球各国领袖和广大学者学生纷纷深表哀悼惋惜。他的精彩一生及其所留下的精炼名言"Stay hungry and Stay foolish"(求知如饥似渴,虚心如愚似痴);他的美国创造科技专利在中国加工制造产品,把最新信息科技与日常生活融为一体,浓缩进手握小机,及其所留遗作 iPad 电脑和 iPhone 手机电话,正好印证上文,更加勉励鞭策中国从"代人加工制造大国",转型升级升华,迈向"自主创新创造大国"。

第二章　中华文明　长生秘诀

我加入西方金属国际集团，发觉欧美金属商品国际交易专业，广及金融财务银行等行业，尤其是欧美集团主要董事到高级管理层，很多是犹太人，大都名校毕业，一生专业行家。我们同事行家之间，平时各自分别忙碌，电话电讯联系业务均极简短。所以，每次我带中国代表团访问欧美总公司，或带欧美老总出访中国，在白天会谈之后及晚餐之前的"快乐时光"，大家相约酒店大堂酒吧小酌漫谈已成惯例：从同事之间合作交流中西业务跟进，到朋友之间深入交谈中西文明演进……

其中犹太人同事，特别博学多才，而且好学多问。我们相互交谈多了，自然而然发觉犹太人和中国人虽然天各一方，地处大洲东西两端，但有很多惊人的相似之处。中华民族和犹太民族，都有悠久历史和古老文化，可谓分别奠基东西方两大文明的主流。犹太人和中国人，民族精神都很勤劳刻苦、努力奋斗、爱国爱民爱家。父母家教最重子女教育，子女好学尤重语文数学，培养成才代代精英。包括爱因斯坦等诺贝尔奖得主很多都是犹太人或其后裔，欧美很多金融金属商品国际大行精英甚至领袖，直至移民美国能做的最高"大官"一人之下亿人之上国务卿基辛格（宪法规定只有土生土长公民才能竞选总统）。西方欧美流行很多似非而是的所谓"笑话"，其实是有真凭实据的"警句"："全世界的钱都在美国人掌握之中；而美国人的钱都在犹太人掌握之中。"

这两个民族都苦难深重，分别遭到外来的军事暴力侵犯和人文残酷迫害：犹太人丧失祖国以色列长达千年之久，家破人亡流离失散到世界各地，甚至遭到希特勒法西斯灭绝人性大屠杀近千万人（并非偶然，当时中国使节仗义，冒险拯救许多犹太人，甚至救到上海来）。直到第二次世界大战正义战胜邪恶，终于恢复以色列国：犹太人从世界各地回归故乡，重新学习希伯来语，从零开始重建家国，成为中东靠自力更生建成的最先进国家（而非靠石油暴富雇来外国职工建设）。特别值得一提，以色列在缺水沙漠之中创新开发"无土滴灌有机粮食蔬菜水果"，改造沙漠成为农庄，在全球暖化甚至沙漠化的今天，更是难能可贵，值得各国人民借鉴学习。

自然而然，我们中西国际工贸长期合作交流，相互多次拜访友好交谈，深入探讨之后纷表惊叹：地球上人类历史最悠久的古老文明，经过数千年来无数天灾破坏更多人祸屠杀，或者原始绿洲变成沙漠迫使原居民全部迁移异国他乡，或者远古象形文字改成拼音语言结果后代不再辨认解读祖先记载，或者近邻文明宗教相互不能包容反而仇杀战争甚至种族灭绝……

我们国际集团西方同事，尤其犹太人同事再三询问：唯有中华民族古老文明，5000多年历尽无数天灾人祸，包括外来军事武力侵略和灭绝人性血腥屠杀，甚至穷凶极恶的文化清洗，几临倾覆崩溃，却一次又一次衰而复兴、败而重振，仍能持续不断、绵延不绝，究竟有什么哲理奥妙和文明秘诀呢？

中国中原——黄土高原——农耕文明——内向族性

中国这个名称，原义是指中华民族母亲河——黄河流域的中原大地，数亿年原始森林深埋地底在密封高压下变成蕴藏丰富的矿藏资源，数万年河流泛滥冲积成地表积淀深厚沃野千里的黄土高原。这就是中华民族的摇篮，中华文明的起源发祥地。这片中原黄土青山绿水，生养繁衍中华民族，从史前原始石器洞穴游牧生活，开化演进到青铜时代中国农耕文明，选择稳定河岸高坡，挖窑筑屋，固定聚居。《史记·封禅书》记载：中华民族公认全球华人同尊的中华人文始祖"黄帝采首山之铜，铸鼎于荆山之下。"

农耕文明族群聚居，分工合作治水灌溉，男耕女织生生不息繁衍后代，依靠黄河黄土中原大地水土生存。自然而然，中华民族人性内向凝聚，同心合力保卫这里家园，这片故乡，这方祖国。甚至早在公元前起就开始陆续建造万里长城，保卫祖国防御异国来犯外族入侵。农耕文明祖祖辈辈依靠这里一水一土，必然热爱家乡故土一草一木，春种夏锄秋收冬藏，深耕细作勤俭持家；父母顾家教育子女，子女孝顺养老爱幼，成为中华民族代代相传的优良传统。

中华民族千年富强冠甲天下，中土上国理念安土重迁，历来不尚远征。汉唐盛世兵强马壮一直保家卫国，数次讨伐西域均是反击西域首先来犯中土，而且战胜之后主动修好甚至嫁女和番，以求长治久安。大明郑和全球最强船队七下西洋，均是登门拜访各国宣扬中国文明亲和赠送丝绸瓷器厚礼。

到了近代，中国人在外省他乡发展事业名成利就，依恋故土情怀，仍旧热衷衣锦还乡，造福桑梓。很多老华侨已经移民外国成家立业，到了退休，依旧希望告老还乡，叶落归根。海外华侨，甚或早已移民入了外国国籍，很多仍旧坚持自称为中国人；也许是少小离乡老大未回，初次见面就自我介绍出生中国；甚至名片也专门印上祖籍中国乡镇地名。

改革开放之后，中国人全家数代同堂省吃俭用买房自住，刚达小康继续尽力多买住房，"先富起来"最热衷投资仍是故乡故土房地产"不动产"，具体彰显了中华民族这种民族根性。

相对比较而言：西方欧美——蓝色海洋——渔牧文明——外向个性。西方游牧民族，原始并非定居一地，而是骑上马背带领牛羊追逐茂盛水草而行。游牧文明渔猎生涯，跟随自然丛林法则：弱肉强食，汰弱留强，适者生存。自然而然，也养成独立外向个性：必须单枪匹马，各自搏杀生存。西方历来向外拓展，到了近代，葡萄牙和西班牙、英国和法国等，航海大探索，漂洋过海发现"新大陆"北美洲和南美洲，殖民开发非洲、亚洲和大洋洲。西方欧美各国，历经数百年工业化发展发达成为强国富民，本国已经充分城市化，各行各业也已饱和，人浮于事。父母鼓励子女尽早独立，向外发展；子女自然而然，志在尽早自立，以能搬离父母老家自行独立在外居住为傲。比较而言，欧洲西人移民到美国和加拿大，或澳大利亚和新西兰；或者西班牙和葡萄牙人殖民到拉丁美洲，都已各自在海外彼邦落地生根，土生土长。

我与我们国际集团西方各国同事数十年，相互长期友好熟悉，很多成为知交老友，自然而然谈及教育子女和照顾父母甚至寻根祖籍。西方同事全都以他们本人主要居住工作的国家为依归。美洲和大洋洲的同事都自然而然自我介绍是美国人、加拿大人、澳大利亚人、新西兰人等等，根本不会再称自己为祖籍英国人、法国人、欧洲人。智利国铜同事更全都以身为智利人自豪，每次介绍智利国铜均强调是"属于我们全体智利人所有"，更绝对不会自称是西班牙人。

中文汉字——象形实体——感性宏观——书写传承

中文汉字，是人类主要语文中硕果仅存的实体象形文字，虽然数千年历经几次字体简化以方便书写印刷，但大体而言仍旧基本保存当初原本的象形实体。文字语言，一方面是感觉情绪思想理念的载体；另一方面也同时影响着感觉情绪的内向形成和思想理念的外向发展。中国象形文字可以含蓄表达内心感情，所以中文是最优美的诗歌语言，世界各国众多灿烂文化，唯有中国唐诗宋词短短几行数十个字，就能精炼传承热爱祖国壮丽河山的深沉情感深厚传统。

中文的象形实体，有助于感性直觉，宏观综合，融合环境，包容和谐；所以中华文明，历来比较注重基础农业，固定城镇，实体经济，不动房产，现实文化等等；相对有助于中华农耕文明，扎根土壤，根深蒂固，开花结果，传宗接代，传承文明。中国古代伟大发明——造纸和印刷——直接确保中华文明，白纸黑字，实字记载，印刷成书，广为传播，学习阅读，代代相传，千秋传承。中文历来教育子女自幼用手书写中文；对比西方拼音文字早已改用打字机，如今更用电脑书写，结果西方青少年越来越少能亲手书写母语用来作文了！

比较语言学概论：西方语文——抽象音标——理性分析——细节分解：西方抽象拼音音标语言，（没有象形文字含意）必须直截了当表情达意，所以必须逻辑分明细节清楚。也有助于分离词头词尾，甚至缩写成简单一个字母，再组合成新词，特别是高新科技电脑网络手机等等所用新词：抽象概念新意，抽象文化艺术，抽象虚拟经济，衍生金融产品等等。然而，久而久之，物极必反：这种抽象概念新意逐渐脱离实体原义；这些抽象文化艺术逐步超脱现实生活；这些抽象虚拟经济尤其是衍生金融产品逐级取代已经虚化的实体经济。

中庸之道——存异求同——包容共存——和衷共济

中国农耕文明，聚居耕作一方水土，培养成众多族群和衷共济的深厚历史积淀；中文书写传统，继承发扬仁义道德，教养出代代子女和谐共存的丰富人文底蕴。中国农耕经济"日出而作，日落而息"，"背朝苍天，面向黄土"，自然而然产生了本土道教"天人合一"，"无为而治"（五千年早于西方现代经济"不干预"自由市场）。中国农耕文明立国，为了维持地大人多的社会安定和谐，顺理成章推崇儒家"仁义礼智信忠孝廉义和"而成儒教。

中华文明，包括宗教、本土道教和政统儒教，不仅向西方取经迎入佛教，"普度众生"，"众生平等"，而且在中土更加发扬光大，包容融合成道儒佛三教并行。为何多宗教共存？就是因为中国"中庸之道"：不偏不倚，不走极端；存异求同，包容共存；和衷共济，和谐共赢。中华文明历经五千多年悠久历史，正是不断学习包容吸收消化异族异国文化，博采各国百家之长，吸取历史经验教训，才能取长补短，相得益彰，不断兴旺发达，绵延不绝，源远流长。

毋庸讳言，兵强马壮的北方外国游牧外族，曾经侵略征服中国，改朝换代建立元朝和清朝。但他们相对短暂浅薄落后的游牧文明，很快融入中华民族悠久深厚先进的农耕文明；而中华文明的中庸之道存异求同，更快包容同化外族，使其平和融入中华多民族大家庭，成为组成部分了。

相比之下，西方文明尤其宗教甚至政教合一，各自强调独一真神至高无上，同时不仅排他而且一律排斥异己贬为邪教，针锋相对，水火不容，赶尽杀绝。犹太人尤其深切痛感：以色列众多教堂建在同一块土地之上，甚至同一屋顶之下，竟然分割成不同宗教，而且很多本是同一祖宗，如今变成世仇：鸡犬之声相闻，一墙如何隔开？怨恨越结越深，终于爆发暴力冲突，甚至恐怖战争：人肉炸弹，自杀杀人，同归于尽。冤冤相报何时了，冤家宜解不宜结。相互比较，中国各地历来就有很多寺庙，包容并供佛道儒教，但求诚心向善，举头三尺就有神明，放下屠刀立地成佛。中华文明也有很多不同理念，只需真心向善，诚求仁义道德，大可兼容并蓄各种普世价值。

推而广之,中国向西方学习,历来提倡"西学中用":普世价值观,也要与中国社会实际相互结合。中华文明的中庸之道,本来就主张:存异求同,和平共处,和谐包容,和衷共济;如今更特别提倡:广交朋友,少树仇敌,确保全球经济稳定增长,克服衰退,持续发展。

第三章　法治原罪　德育本善

我带中国矿业代表团访问我们法铝普基集团澳洲铝厂，中国客人礼貌拘谨，遵循古训"家丑不可外扬"，大都少讲"文化大革命"十年浩劫，但却乐于答复外商提问中国改革开放发展经济对外贸易。相互对比，澳洲主人更显得热情坦诚，百无禁忌，甚至颇带自豪直言不讳的说："我们澳洲人很多祖先原来是英国囚犯，万里发配远渡重洋，放逐到'大英联邦日不落帝国'的新辟蛮荒——澳大利亚洲。感谢祖先前辈艰难垦荒开拓新天地，我们后代继承发展建设新世界。"

然后，我们从悉尼乘飞机向东北直航多时，抵达太平洋岛法国属地新加利多尼亚，蕴藏全球最丰富的高镍铬矿，登门拜访国际镍公司法国分公司管辖的当地铬矿。中国代表团首访岛南首府诺密阿，法国总督亲自在总督府隆重接见。当地报纸、电台、电视台均来采访。当天晚宴同看电视，头条新闻就是总督会晤中国代表团。翌日早餐翻开报纸，头版头条又是总督接见中国代表团通栏大合照。

我们乘坐小直升机，访问岛北全球最佳高质硬块铬矿山逊贝坎。这种坚硬大岩山中深藏若干矿体，上下分隔，相距又远，既不适合露天矿，又很难挖深井矿，于是选择定点定向定量炸药爆破作业开矿：经过精密勘探确定矿体位置形状之后，选择较近山坡横向挖进水平隧道，通到每个矿体底部固定，设计钻孔定点定向定量埋进炸药，一声巨响地动山摇，把整个坚实巨大矿体炸成中小矿石。只需挖掘机耙出矿石，装上货车，开出隧道，运到码头。

中国进口硬块铬矿长期大合同，已多年友好合作，再经艰难谈判终于签成。法国主人请我们中国代表团周末泛舟扬帆，漫游当地度假胜地松岛。晴空蔚蓝如洗，海水清澈见底，珊瑚艳丽多姿，海滩空无一人，细沙雪白似粉。我们在海滩踏沙游水，沿海边漫步原野，心旷神怡，荣辱皆忘。

法国主人闲聊，言者无心："上世纪英国流放囚犯到澳大利亚洲；而法国发配囚犯来新加利多尼亚岛。其中重囚巴黎公社社员就放逐到这松岛，四周茫茫大海，自己垦荒生存，完全无路逃走，只能自生自灭。"中国客人一听，闻者有意："巴黎公社？那可是咱们共产党的先辈，还早过马克思哩！我们作为中国代表团，远道而来首访新加利多尼亚，受到总督隆重接见，终于签订进口铬矿长期大合同，已经深感荣幸；现在再能拜祭巴黎公社墓，那就更有意义了。"

法国主人说如今居民来松岛度假，都是享受阳光海滩游水，青山绿草野餐；连他也只是听说巴黎公社墓，还从没见过。他应中国代表团长坚持请求，极尽所能在荒山野岭中找来找去，终于在杂树荆棘丛中，分辨出来泥土垒成屋基墙脚；再在周围拨开野草落叶，最后找到一块贴地小石碑，只能依稀辨认出上面刻着"巴黎公社"等简单法文，历尽百年天雨海风早已残破，一半陷入污泥杂草之中，显然很久无人再来拜扫。中国客人不胜唏嘘："法国人为什么这样不尊敬巴黎公社先烈？"法国主人不禁愕然："中国人为什么这样敬拜法国上世纪囚犯？"

夕阳西下，斜照松岛，如梦似幻，一片空明；小舟东归，穿弋海天，如诗似画，一派苍茫。

* * *

西方《圣经》首篇《创世纪》记载：天主创造世界和人，让人类始祖亚当和夏娃住在丰盛安康的伊甸园，生活美满幸福。但夏娃违背天主圣旨禁吃知道善恶树果，反而误信毒蛇诱惑欺骗，和亚当偷吃禁果（知道善恶），于是被天主逐出伊甸园。（这就是西方主流文明所说的人类"原罪"）……《圣经》《新约》续记：天父怜悯人类罪苦，派独生子降生为人，就是耶稣基督，到处传道赐福，导人信主得救；最后受尽极大痛苦屈辱，被钉十字架惨死，舍身替世人赎罪；死后升天复活……

对比中国远古神话：开天辟地之初，天穹破了大洞，坠落雷石烈火，死伤先人，哀鸿遍野。女娲人首蛇身，怜悯世人悲惨，采集地上五色石，炼石补天；但用尽地上五色石之后，天穹尚未补全，仍然留有破孔，降落雷火杀人。女娲舍己救人，化身为五色石,飞上天堵上缺口,终于补好天穹。天宇大霁,天下太平,人类安康,从此崇拜祭祀女娲,尊为人类始祖。

我与西方同事谈起有关话题,他们均表认同:凡人都有"原罪";祖先是西欧发配流放来的囚犯,自然其"性本恶"。

所以必须制定一整套公正严密细致的法律规章制度,实行法治才能约束制裁"原罪",而且"国会立法、政府执法、法院司法"三权分立,完全分开,才能相互制约监督,避免专制独裁,防止徇私舞弊,杜绝贪污腐败。而且何止三权?还有第四权——传媒舆论——是"无冕皇帝":美国普通记者就可追查真凭实据,最后弹劾总统(虽然为国为民立过大功但为连任却知法犯法违背宪法说谎伪证迫害异己)被迫辞职。我们经营管理厂矿的西方老总更加强调,还有第五权——工会组织——是"不管部长":工会平时只是工人,都听经理管理,均为厂矿工作,领取工资福利;然而一旦发起罢工,就要与管理层老总平起平坐,谈判增加工资。近年金属高价使厂矿获利丰厚,工会就趁热打铁发动罢工,口号要求分享利润"百分之一"(其实总额极大)。如果劳资双方差距太大无法妥协,罢工就会旷日持久,停工停产不仅造成重大损失,而且无法按照已签合同准时交货。

我们集团管辖经营的金属厂矿,大都在法国、澳洲、智利等国,更是工会势力强大,频繁发动罢工。所以国际贸易合同标准条款,历来白纸黑字印定"人力不可抗拒"条款。但中国改革开放之后,有些新批对外贸易的地方企业,起初只同意如遭地震海啸洪涝山火等天灾,确是"人力不可抗拒",影响生产运输装船,可凭有关当局证明延期交货；但坚决反对包括罢工，认为"罢工并非人力不可抗拒天灾，我们人力完全可以控制抗拒"。后来，他们代表团初出国门，访问法国，不巧正逢法国交通大罢工，结果寸步难行，终于信服："罢工真是人力不可抗拒，完全耽误了我们原定行程；倒也大开眼界，算是不虚此行。我们在中国国内从未见识过，声势如此浩大，人数如此众多，规矩如此严格，但又非常平和理性，标语不涉政治，口号十分简单，就是要增加工资、提高福利；警察完全不来禁止，反而协助维持秩序。"

相对而言，西方公司尤其是大型厂矿总裁访问中国，就公开表示非常羡慕中国同行老总管辖众多中国工人："如此敬业乐业，尊敬上司，遵守纪律，努力工作，履行职守；而且罕有听说工会罢工，要求增加工资奖金提高福利待遇。相比之下，看来我们西方的员工，工资递增已经很高，福利改善已经很好，每周工作天数越来越少早已六天减到五天还要再减，每天工作时间越来越短还要再短，法定假期越来越多还要男人也放产假，每年年假越来越长竟然长达数月。凡人好逸恶劳，还要发动罢工。……"与此同时，老外也注意到：中国老总比西方同行，更以身作则、勤劳节俭，不仅严于管理经营，而且同时关心员工；所以劳资协调，劳资双方关系比西方好很多。

西方传媒每年评选风云人物作为杂志封面，大都是政要名人，这次改为无名英雄"中国工人"成为封面主角。中国改革开放，鼓励数亿中国工人辛勤劳动、努力工作、齐心协力、团队配合、劳资协调、和衷共济、和谐共赢，使中国成为世界"制造大国"、全球的大工厂，制造衣食住行百货成品，价廉物美，不仅畅销全中国，而且出口到全世界，为全球各国人民所喜爱、购买、使用。与此同时，中国三亿穷乡僻壤贫苦农民从此"脱贫"，随着城镇化迅速转变成为现代工人，随着现代化逐渐转型升为小康社会，堪称世界不发达国家人民的榜样楷模，值得学习。

*　　　*　　　*

反观中国历来启蒙学童的《三字经》开宗明义："人之初，性本善"；与西方的"原罪"（性本恶）似乎正好相反。与西方同事交谈颇有同感：其实综合中西理念彼此并不矛盾可谓殊途同归，人的先天本属中性，所以有赖后天教养成长：父母家庭养育、学校传媒教育、社会制度培育。良好和谐的家庭、学校、社会环境，启蒙引导人性向善，天天向上；与此同时，当然必须公正、公平法治制度，管教约束消除人的"原罪"恶性。

中国改革开放以来，实事求是，英明决策，发展经济，关注民生；也史无前例开始提倡以法治国，"法律面前，人人平等"。法治制度，以民为本，必须公正、公平、公开，才能完善严密有效。公正严明判案，保护无辜良民，惩罚罪恶奸徒，自然大快人心，最能发挥榜样示范社会效应，大力弘扬中华文明道德正气：仁义道德，见义勇为，甚至舍身救人，"救人一命，胜造七级浮屠"。相反，如果错误判案，包庇恶劣罪犯，诬告无辜平民，甚至冤枉救命好人，必然大失人心，极大影响人文公德，势必导致人人自危，明哲保身，甚至见死不救，道德沦丧。

　　中国历来小农经济养成国民性情，一方面"性本善"，热爱乡土祖国，勤劳俭朴。如今快速进入市场经济就容易急功近利。毋庸讳言，也有"性本恶"："人不为己，天诛地灭"，甚至违法偷抢拐骗，假冒伪劣，当然必须公正法治，公开严惩罪恶，公平保护良民。

第四章　阳刚阴柔　中西调和

　　我从英美金属贸易公司，合并加入法铝国际集团，首次访问巴黎总公司参加集团全球铝市场销售年会。市郊公司会所有大小会议室和简便宿舍，还有运动场，周围竟是牧羊养鹿的大牧场。

　　法国人不愧外交高手，热情招待精心组织，不仅准备美酒佳肴丰盛晚餐，而且白天先让平时室内办公的各分公司主管尽情户外体育活动。运动会有多种比赛：最多人参加网球大赛，还有（桌上网球）乒乓球、草地滚球、铅球等等，鼓励人人参与。我就参加乒乓球赛，这在中国是最普遍的运动：我轻而易举，连胜数场，进入决赛。对手是集团历届冠军，北欧高手，横拍劲旋，攻势凌厉。我已多年没打，开始被动挨打；但从小玩惯，中式直拍推挡，改为以快打慢，越打越顺，结果反败为胜，荣获冠军。法铝集团副主席亲自颁奖："欢迎我们香港新同事，主管改革开放发展最快新市场中国，也是乒乓球世界冠军祖国，祝贺旗开得胜！"

大家集合最后大赛，由年轻力壮的同事"专业接力赛"：竟然是双手抱着标准铝锭大棒，不仅重20多公斤，而且光滑溜手很难抱住，无论力度、强度、难度，都超过真正的体育大赛。我当年尚属健壮也竭尽全力才勉强跑毕交给接手；担心如此超重巨棒，交棒恐怕易生意外。不幸果然不出所料：高大强壮的法国同事，接棒时被铝锭撞掉门牙，血流如注。当然马上急救，但又出乎意料，大家包括伤者都仍嬉笑自如，大会热闹欢乐气氛完全没被这场意外影响。野餐烧烤全猪的香味已经洋溢，人人胃口大开，尽情享受法兰西大餐美酒佳肴。

中国老客户朋友多次问起：我们西方工商跨国公司老总，主管国际贸易生涯最怀念难忘的经历。抚今追昔，美好回忆，历历在目。我们金属厂矿国际工贸，本来出差就非常多，除了去各国首都大城市还须去荒山野岭偏远厂矿。而且中国改革开放全球发展最快，我们一方面组织美英法主导西方集团及各大厂矿总裁飞访中国，另一方面接待中国众多代表团走出国门，走向世界。很多亲友同事非常羡慕我们如此经常公费旅行，不仅走遍全中国各省市，而且飞遍全世界主要国家。

然而，我成为出差最多主管之后就有苦难言了。其中好多国家城市，如问我去过哪里，真的照实回答"只去过机场和旅馆，及公司办事处或厂矿"。我拜访中国铝厂多次路经中岳嵩山（嵩山有少林寺）甚至就在路边停车快餐但却"十过其门而不入"；我带智利国铜代表团出差铜陵就近黄山，"五岳归来不看山，黄山归来不看岳"，却迄今无缘登山一看。单枪匹马国际出差必须克服时差赶完紧张行程艰苦议程（经常初访大都市，人生地不熟，手拿地图选乘公共交通，一日赶十个约会）。还有更苦的差事：出差前往往加班甚至通宵赶完急务准备演示汇报总部；出差后更须克服时差赶写详细报告。所以，十分赞赏我们法铝集团总裁，后来召集我们分公司主管开年会，邀请鼓励我们携眷同去，招待夫人在我们开会时游览当地名胜，让她们更加体谅支持"丈夫辛苦公干"。

集团年会往往选定长周末，以便协调全球分公司主管从世界各国飞来当地。航班大都清晨抵达，东道主组织大家当天打高尔夫球，当晚欢聚一堂，当夜克服时差，翌日周末高效开会。亚太区年会公认"最难忘"的克服时差经历，是澳洲铝厂英国主管组织的新西兰市郊会所"三重挑战"：先乘五人小直升机飞冲河流峡谷，然后分批搭快艇逆流急旋上游，再在山边换救生衣坐筏漂浮激流，急冲直下，汹涌澎湃，白浪滔天，倾盆而下，盖头而过！我们这些"白领"同事每朝到晚西装革履在办公室忙，全都习惯于伏案工作坐对电话电脑；人生在世难得如此转变，激发起我们争取更多挑战。东方同事跟随西方大哥，抓紧晚餐前自由活动时间，再登上山峰之巅，跟乘滑翔伞凌空飞降：从蓝天彩霞跨越悬崖一步"升仙"，沿苍山碧湖展开双翅翱翔"飞天"，向绿树青草闲庭信步降落"下凡"，难得放飞身心，感悟心旷神怡！但我们全都坦承，路过高桥"笨猪跳"开创台终极挑战，绝无一人胆敢尝试。

中国改革开放，轮到我们远东分公司做东道主，先后在香港、北京、上海主办我们跨国公司集团年会。世界各国同事初访中国都期望拜访名胜古迹，或者我们中国同事较喜安排文化娱乐却不常组织体育竞赛。我们在中国主办的集团年会，首日白天均是游览参观名胜：香港游艇环游海港，北京参观长城故宫，上海游览外滩浦东。晚上畅饮中国美酒，尽享中餐佳肴，同时加上户内文娱活动：卡拉OK唱歌联欢。

相互比较而言，中国同胞爱好甚至精通室内文化活动尤其是歌唱娱乐，而西方同事多数热衷而且擅长户外体育活动尤其是剧烈冒险运动（西方同事在80年代两次诚邀我驾车横穿西南亚洲及扬帆横渡大西洋，惜我既无公司例外超长假期，又无特签放弃意外保险）。中西主管都是行业精英，均有专业能力：西方主管比较外向，很多能说会道，善于交际，能够初次见面就予人好感；中方主管比较内向，少说多做实干，不善言辞，需要实效成绩才令人钦佩（如今视听传媒尤其竞选辩论日益偏重口才领先；但中国文化评价人才首重仁德，注重实行远多过言谈：从孔子《论语》开篇"巧言令色，鲜矣仁！"；到邓小平改革开放"少讲空话，多干实事"）。

我们法铝常驻北京办事处代表是法国老外，分管技术转让项目，应邀参加中国西北大铝厂引进法铝先进技术扩建新厂开业庆典。主宾席上还有特邀歌星同桌就座：一位是中国学院派歌后，北京春节联欢晚会专唱压台戏，中气十足，醇和浑然，如闻天籁共鸣；另一位是中国第一代首席歌星，引吭高歌，响彻云霄，真感绕梁不绝。回程同机返回北京,开始来往成为朋友。我们起初以为法国老外生性浪漫,后来才知十分诚心,与中国歌后正式结婚,退休后长住北京,妇唱夫随;但另一位首席歌星,曲高和寡,遁入佛门。我们诚祝他们全都平安如意。

* * *

西方从美索布达米亚到埃及再到希腊罗马地中海文明,甚至中美洲玛雅文明,全都崇拜太阳。希腊神话中,太阳神阿波罗是主神宙斯之子,雄壮威武,头戴金冠,驾驭白马铜车飞驰天空,象征健康生命、创造活力和艺术诗歌。

比较中国传统,并不崇拜太阳。中国神话后羿射日,当时天上有10个太阳,烤死树木庄稼,后羿为救百姓,射下9个太阳,从此气候宜人,天下太平。后羿之妻嫦娥,偷吃后羿不死药,飞升月亮,"嫦娥应悔偷灵药,碧海青天夜夜心。"中国文化可谓月亮文化,儒家温文仁爱,道家以柔制刚,都注重慈祥温和的阴柔,而反对张扬刚烈的阳刚。唐诗宋词浓缩中国文化精髓,很少咏日就有也是咏叹夕阳,却有许多咏月诗词流传千古:全球有华人处皆咏李白名诗"举头望明月,低头思故乡";天下游子怀念杜甫警句"露从今夜白,月是故乡明";更代代传颂苏东坡中秋绝唱"明月几时有?把酒问青天……但愿人长久,千里共婵娟!"

* * *

日月如梭,如今世界各国经济工业贸易虽然越来越趋向全球一体化，但中西文化仍旧分别保存各自的历史传统人文观念，自然会有很多不同的文化习性、思想理念、情感喜爱。

西方文化主张个性、独立、自由，崇尚自幼体育强身，鼓励从小创新。建学校先建体育场，请教师先请体育教师，招学生流行体育健儿优先。早已普及开放教学通识教育：发挥学生独立创新能力，促使学生紧跟信息科技，使用电脑手机，鼓励上网寻找答案学会打字发电邮，公开讨论质疑问答辩论作为考试（但也导致越来越多学生已经不会自己用手书写母语作文了）。

中国文化注重集体、纪律、服从，崇尚德育自幼孝顺，仍旧强调基本教育。建学校先建教室食堂，请教师先请语文数学教师，招学生优先文艺新秀。遵循传统正规教学：管教学生课堂听课，督促学生确保语文数学课本基础知识，正规书面试卷解答试题（仍旧促使学生自己用手书写母语）。

自然而然，不同人文教育培养出不同人才，各有所长，也有所短。我们登报公开招聘经理助理，就能当场公平比较出来不同教学背景的候选人。

在面试时，西方教学培养出来的候选人比较自信："我最适合这个职位"，根据网上信息侃侃而谈，难免有时答非所问。而中式教学培养出来的候选人礼貌拘谨："我努力工作完成任务"，答问小心谨慎，所答尚算对题。我们简单笔试当场手写：前者尚欠基础知识；后者不跟市场近况。短短时间，怎能确保选对合适人选？所以必须有试用期，关键是知人善用：就业职场，前者有话直说，肯提意见，甚至坚持质疑；后者努力尽责，分工协作，但较少建议创新。我们有幸在大中华地区公开招聘优选人才，证明本地中式教育培养的人才比较适合开拓市场客户发展业务，而西式教育毕业生较重法规适合从事财务会计控制风险。其中精英，中西结合：融会贯通、博采众长、实效成绩、脱颖而出，升为主管。

阴柔阳刚，中西调和；前线后勤，齐心协力；团队精神合作，共赢实效成绩。公司集团是人群团体，职场市场也是人际关系；推而广之，国际关系，更是人际关系。中西调和，阴柔阳刚，取长补短，相辅相成，相得益彰。中西存异求同，互惠互利，和衷共济，和谐共赢，合作发展，才能确保全球经济共渡难关，共赢持续稳定增长福祉。

第五章　看全球化　显利隐患

我们西方国际集团的全球各国分公司主管年会，最后数年已经身处世界趋向全球化之时和集团屡遇收购合并焦点之中。我们"工作车间"讨论，围绕金属商品国际工商贸易的发展变化趋势，以美国、英国、法国等分公司为主的西方主管老总，与以中国及亚洲分公司为主的东方主管老总，对很多关键问题的立场观点看法颇有分歧，但经过反复讨论质疑商榷，可以存异求同融会贯通，值得记叙分析解读：

所谓全球化与所在国市场本地化

在公认世界经济日趋全球化的共识基础上，西方观点认为全球化实际上取代甚至取消了所在国市场本地化，全球龙头跨国生产厂矿往往三足鼎立雄霸世界主要资源卖方。而东方观点认为全球化不能取代所在国市场本地化，作为进口使用资源的消费者买方，合情合理应有更多话语权和定价权，才能达成地球有限资源更好综合利用，和谐共存，合作共赢。我们最后存异求同综合提倡:"(全面)思考全球化,(具体)管理本地化。"

所谓全球化"称霸"与所在国"得市场者得天下"

这是上述根本立场观点导致的工商管理决策。当初,工商贸易尤其是国际贸易,一贯强调"市场推广是王(或意译:得市场者得天下)"。西方观点认为,这种论调已经过时,甚至这个过去时代已经被全球化画上句号:谁拥有全球紧缺资源,谁就称王称霸。而东方观点坚持,市场推广仍然对工商贸易尤其国际贸易有主导作用:任何资源卖方仍需市场正确决策,才能优选可靠市场买方客户确保长期合作。

所谓全球化"互联网"与市场客户"关系网"

这是上述根本决策引起的具体实践。我们西方分公司主管一生负责市场贸易,但随着西方经济衰退业务萎缩人员裁减颇多消极悲观论调:全球化大势所趋,用"互联网"就能进行市场推广,"上网"就能谈判交易签约,"网上"就可完成所有合同(但无法避免网上交易越来越多弄虚作假、泄漏隐私和商业秘密,甚至欺骗盗窃)。而东方分公司,尤其大中华地区主管,仍旧坚持传统"诚信",口碑载道,人脉"关系网",注重亲自登门拜访客户,加强相互诚信友好合作关系,"力不到不为财,人不到不成交"。

事实上,所谓"新经济"曾在世纪之交,同时推出不少网上交易金属平台:起初来势汹汹,要取代"旧经济"伦敦金属交易所;但结果都"交易太少,入不敷出",不到一年先后垮台。

* * *

全球化大势所趋的热点焦点,当然是各行各业顶级跨国公司的相互收购兼并：规模之大广及世界各国数十万人，金额之巨富可敌国高达数百亿美元，影响之远震惊中外全行业数代专业同行。每次都有传媒头条新闻跟踪报道，必定报道收购合并双方所说："我们全球化收购合并，这是强强联合。势必双赢共进，达到资源最优化、成本最小化、利润最大化、服务最佳化。既有利于集团董事会及全体股东，也有利于所在各国分厂分公司及全体同事，更有利于世界各地客户及广大消费者。"是耶？非耶？还是简单扼要记叙亲身经历，分析事实，分辨是非。

20世纪80年代，国际工业贸易趋向全球化：行业分工越来越细，专业科技越来越精，产销规模越来越大。同行如敌国，相互之间竞争也越来越剧烈；当然最佳方法最后手段是收购竞争对手"化敌为友"。于是，各大集团相互收购合并，逐渐成为世界潮流，90年代越演越烈，世纪交替更达巅峰。"友好合并"改变了世界工业天地，百年辉煌盛名巨星纷纷坠落消失；"敌意收购"转换了全球市场版图，沧海桑田面目全非已经不复可辨。

我们法铝普基集团，千禧递嬗20多年，不断经历重大收购合并，每次都是头条新闻。中国行家客户纷表关注慰问：我们身处焦点中心（或是收购方，或是被收购方），并非"身经百战，处变不惊"；而是遵循收购合并保密规则暂不外传"无可奉告"。如今都早已成为金属历史典故，仅举数例，或是全球行业顶级兼并，或与本书上下文篇有关。

80年代初，法铝普基国际工业技术集团，从犹太人最老牌银行金融财团收购英国伦敦金属交易所创始圈内会员布伦戴士金属集团，成为金属工业贸易技术期货集大成龙头（到世纪交替，前者出售后者给银行经纪贵金属龙头集团）。

80年代中，法铝普基集团出售不锈钢厂，合并入世界最大不锈钢厂优劲年产百万吨。90年代，优劲再并入安赛尔，成为西方最大钢铁工业巨头；千禧递嬗，印度裔钢铁大王米塔尔，342亿美元终极兼并安赛尔，合成全球钢铁霸主安赛尔·米塔尔集团，年产1亿多吨钢铁，占全球1/10以上。对比中国十大钢厂再加数十个中小厂家，综合国力4亿吨钢铁已是世界第一，高占40%。

80年代末，法铝普基集团收购世界最大美国国家制罐厂，合成全球最大铝合金等高级包装工业集团（但耗资过多一直大亏，拖累整个集团盛极而衰）。

90年代初，法铝普基集团出售旗下世界最大锆铪冶金厂欧洲锆公司，合并入法国核电集团（在全球核电工业中，能源供给比例最高，安全控制纪录最佳）。

90年代中，法铝普基集团收购美欧铜贸易公司，有助我们远东分公司开创全球铜王智利国铜直销中国，协助中国千禧递嬗成为铜世界第一进口消费大国。

（世纪交替，北美洲加拿大国际镍公司集团几经反复，最后被南美洲巴西淡水河谷矿业集团收购合并，成为铁镍铬世界最大厂矿霸主。）

千禧递嬗，法铝工业贸易技术结合国际集团本身，被加铝集团收购，合并成为全球最大铝金属冶炼加工工业集团。

法铝集团总公司各位主管老总，起初充满信心，满怀憧憬，兴高采烈，意气风发："这是专业生涯遇到的难得机会：我们有幸亲身参与合并成为全球最大铝业集团。"但后来事态发展，事与愿违，意兴索然，意味深长。

双方总部联席主导分赴世界各国，召集双方主管联会演示各自业务："完全公开，彻底透明，有问必答，知无不言"。我们远东地区以大中华市场为主，既然本是行业主要竞争对手，难免相互敬而远之，但毕竟知己知彼：我们市场涵盖份额业绩肯定超过对方。结果确是在意料之中，但又大出意料之外：我们的业务范畴、营业总额、实效纯利，竟然是他们的14倍！

其中亚太区最大铝合金厨具制造厂数十年定购铝锭最大长期合同，一直是全球各大铝厂竞争焦点，我们预料他们必定会问：为什么连续数十年都是我们连赢他们连输。果然不出所料，本来同行是敌国相互绝对保密，现在双方总部最高当局命令闭门会议完全公开。我们照答事实：我们一贯遵循"顾客至上"，从老前辈到新一代数十年长期友好合作，务必克服任何困难，满足大客专业需求，装船每月选定上中下旬，最后多年合同铝价是M+4（伦敦交易所铝价计价：装船月后第4个月平均价）：最通常是M装船月价，或M+1装船月后第一个月价，M+2第二个月价已很少见，M+3第三个月价更属罕见，难怪M+4第四个月价使他们大惑不解，几乎连会都开不下去。

会后，我们铝部经理如释重负："Game over演出成功！我们劳苦功高十倍成绩必定有利我们合并。"然而英语此词，也可相反解读"戏已唱完，曲终人散"：我们成绩假如差不多，彼此较易相处；但如今差距太大，则需极高气度、极大包容才能由衷赞赏，否则必定反而尴尬难以共存。

最后，兼并最高当局最终决定，向全球各国全体同事公开宣布：合并新集团以全球最大铝工业生产经销为"核心业务"。而我们法铝远东分公司配合法铝世界贸易总部综合本集团及其他厂家"工贸结合"国际贸易，则属"非核心业务"（包括其他所有铜锌镍等，及铝业经销非本集团铝，广及伦敦金属交易所交易金属），一律解散所有编制，全部遣散所有雇员，不难想象立即人心惶惶。法铝总公司老总立即首先飞来香港，安抚人心。

他显得苍老很多，首先衷心感谢我们老中青同事长期忠诚服务30年、20年、10年，劳苦功高多年蝉联法铝全球分公司榜首作出巨大贡献，实在万分抱歉如今竟然要解散而且大都遣散，但这是收购合并国际规则。他面对群情汹涌，黯然坦诚直言：他一生敬业乐业与我们全体同事同甘共苦，如今主管法铝集团世界贸易及全球各国分公司，实在想不到最后连他自己本人及总部老总（包括本书提及的所有行业领袖行尊精英）全都被解雇遣散。

会后，他对我说："你我都年近60岁本可退休，有此经验也可按例多做几年顾问；但我看得出来，你和我感同身受都已意兴索然。我很羡慕我的前任、你的老上司老朋友，他继往开来发展法铝普基世界贸易成就集团大半业绩，遗憾如今要我来一一解散毁灭。现在我最后职责就是确保全体遣散员工获得全额补偿能够另谋就业，这对我们专业同事并不困难；但可惜我们同甘共苦发展的国际龙头金属贸易就此终结。所以总部鼓励你们经理层购出，原班人马继续非铝核心业务；相信你们已经充分证明领导管理经营专业能力，但难就难在我们金属国际贸易必须先有庞大资金才能启动。"

其实我与他所见略同：当时已有行家集团纷表关心问讯，我既已属"老"一辈自然不如我的"中青"辈同事急切；直到能够精挑更大集团合股，优选更佳模式合作——一方面经理层购出法铝普基远东分公司金属贸易业务带领原班人马创立新公司，另一方面选邀英美银行作为主资股东继续原来业务。我致电法铝总公司老总同意：既然纯粹贸易并无任何工业资产，我们尽量减少经理层购出费用，主要交接正在执行合同。既然对方并未合并我们铝部核心业务任何雇员，我们当然就无"政治上不正确"。他深表感谢："世界各国其他分公司同事遣散后大都立即失业，我本来最抱歉担心你们远东分公司劳苦功高最佳成绩反而出乎意料最多遣散，现在最欣慰你已竭尽全力确保全体同事都有机会选择就业渡过难关。"如今大家全都明白：收购兼并本来就是利益游戏，势必适者生存，并非汰弱留强。

加铝终于成为铝世界最大冶炼加工工业集团，但为此实际并购耗资过大，负债过多，众说显利之下，其实深种隐患，而且很快爆发。不到一年，就分拆铝世界最大热轧冷轧工业，出售给印度锌铝铜厂集团。只隔一年，连加铝本身也被矿业霸主力托以381亿美元巨资"友善收购"（比加铝历史最高市价再加65%溢价，对比美铝"敌意并吞"低价高出33%）。力拓－加铝立即荣登全球金属矿业霸主，不仅铝业独占鳌头，而且铝铜铁煤合成世界第一，金属大帝皇冠上全是顶级极品钻宝：包括世界最大澳洲铝土矿及铁矿，智利艾司亢帝达和印尼格拉司堡铜矿。2008年市值1.8万亿美元，超过矿业巨头必和必拓、巴西淡水河谷集团、安赛尔·米塔尔钢铁霸主、英美矿业集团等。然而，2008年末美国金融海啸席卷全球空前衰退，金属商品历史高价狂泻暴跌过半，力托股价直线跌破新低：力托大亏，急减成本，大批裁员……

2009年，力托接到中国历来最大对外投资——中铝195亿美元现金，增加大股东中铝股份到18%，减少力托债务重山381亿美元。遗憾力托投票否决中铝注资。然而，中铝的努力，阻止了全球矿业巨头必和必拓收购力托合并成超级霸主。全球金属矿业专家行家全都额手称庆：感谢中铝出了大力立了大功；幸而全球金属矿业避过大劫免除大难——超级巨无霸独家垄断全球铁铜铝煤等矿产资源话事权定价权的空前严重危害。

2011年末，全球最大矿业霸主力托集团——4年前381亿美元收购合并加铝，外加60亿美元债务——2011年产3580万吨铝矾土、920万吨氧化铝、390万吨电解铝，如今铝价高峰回落近半，仍未如石油和铜大幅反弹，反而最受高电费成本制约，负债太高而利润太低（毛利从集团目标40%惨跌到5%）；被迫宣布计划大规模出售集团1/3资产市值80亿美元：位于美国、英国、法国、德国、澳大利亚、新西兰的火电核电较高成本铝厂（200万吨电解铝和300万吨氧化铝及760万吨铝矾土矿，大都是本书上篇所记原属法铝所有）。集中资金加强80%核心业务铁矿（盈利从集团原来 38% 已高达 70%），以及加拿大水电成本尚低铝厂恢复 40% 毛利。消息刚宣布，一直下跌的股价就谷底反弹 3%；但接着又表示目前股市疲弱不会急于贱价抛售，股价又再跌 4%。过年，集团撇账 89 亿美元，首席总裁和财务总裁分别拒收公司年终花红百万英镑。

*　　　*　　　*

上述足以证明所谓"全球化"——跨国公司收购合并，表面显得似乎越来越大，其实难免越来越寡头垄断；而且往往不再注重提高实体生产效率，使股价自然而然实际增值；而是越趋专注虚拟经济，甚至依靠金融财技托高股价。最后走到极端，似乎为合并而合并，甚至只有合并才能推高股价，董事会管理层也才能分享巨额红利。所以难怪，每逢大型跨国公司收购合并，往往相对强势并吞方股价反而暴跌，而相对弱势被收购方股价反而狂升。而且必定解散世界各国很多分公司，必然遣散大批职工造成失业，包括很多行业精英。成本最小化，利润最大化？似是而非，其实非也：解散长期服务劳苦功高主力精英，当然可以暂时大幅降低薪金福利成本，但同时必然流失长期合作市场客户成绩，如此舍本逐末，很快转赢为亏。

所谓"全球化"行业兼并，潜伏很多隐患：极少数寡头垄断全球行业规则话语权甚至世界市场定价权。例如，法铝集团收购兼并美国国家制罐集团成为全球最大铝合金包装集团，但其中高档铝易拉罐市场，投资设备复杂，科技要求很高，质量控制极严，但受全球最大汽水集团买方垄断全球行业规则话语权，甚至横行霸道世界市场定价权：只给极其微薄的加工费。难怪法铝集团这个号称全球第一顶级包装部门，自始至终一直严重亏损，拖垮法铝集团盛极而衰，最终连整个集团本身反被收购吞并。

所谓"全球化"收购兼并，一方面专业分工越来越细：法铝集团横向综合铜铝等有色金属及不锈钢等黑色金属，又结合全球工业贸易技术期货集大成者，纵向包括上游采矿中游冶金下游加工整体工业，已成历史典故；难怪最终被专一铝工业的加铝所收购兼并。另一方面越来越急功近利，片面追求当年纯利年底分红短期利益（甚至大幅裁员包括高层专业精英），势必忽视甚至放弃必须长期投入大量人力物力财力开发的科技研究发展和专业人才培训。法铝集团研究开发创新领先全球铝工业科技，作出了开天辟地的卓越贡献，包括现代化高层建筑铝材、高档包装材料、高速交通载体三大高级创新领域。法铝已经研制成功铸轧全铝合金汽车代替笨重易锈钢铁，减轻整车重量10%～20%，节能减排8%～16%。但全球化兼并专业分工，上游采矿资源与下游用户买家寡头垄断话语权定价权，上下挤压中游金属工业只算微薄加工费毛利1%，既无利润吸引，更无加价空间：结果全铝合金节能环保汽车技术发展，进入全球强调节能环保的新世纪，反而停滞不前。

中国行业专家，有识之士表示："全球化"这个名称太过广泛，这种讲法以偏概全，甚至很易误导。至少上述典型实例可以解读，似乎应该正名为"专业化"：力托集团正是经过所谓全球化收购合并，事实上已经成为行业全球最大霸主集团，但短短4年就公开宣布出售全球1/3总资产,遍布美欧西方六大发达强国,当然绝非全球化金属工业;而是分拆出售中下游冶金加工费微利业务,"专业化"集资专注上游矿产资源厚利业务。显然是在商言商,首先注重集团本身近期利润,并非规划全球行业长期愿景。

第六章　资源有限　环保无疆

读者诸君翻阅到此，或许会问：似乎笔者前文所写，大都是中国进口金属。既然说的是铜铝等基本有色金属：铜，中国挖尽千年铜陵古矿紧缺资源已经长期是铜世界第一进口消费大国；铝，中国改革开放优先引进西方技术发展铝厂抓紧历史机遇跃居铝世界第一生产消费大国。中国既已是世界制造大工厂，自然仍须进口铜铝矿产资源，很多已"两头在外"：从外国进口资源矿产原料，在中国加工制造成品再出口外国。

但有很多矿产资源，尤其是稀少金属矿产，中国仍旧是世界主要生产出口国之一。改革开放初期，钨、锑、钒等稀少金属稀贵矿产，是中国出口创汇主力。我们布伦戴士公司是世界主要买家，必须首先购买中国出口商品，累积创汇额度之后，才能销售铜铝镍等基本金属供中国紧缺进口。

钨——熔点3400摄氏度，排名金属榜首，是最耐高温、最坚硬、最有刺穿力的金属，所以专门用来制造传统钨丝灯泡，钨钢切削刀头和钻井钻头等。中国老字号名牌杭州张小泉刀剪,传承春秋战国吴越名剑传统,采用金属含微量钨,因此特别坚硬锋利。所以,顶级枪炮弹头直至火箭导弹弹头,要添加钨合金,才最有刺穿力;反之,坦克装甲车身,也要添加钨合金,才能防撞防弹。

中国江西、福建、广东、湖南等省,蕴藏全球最富钨矿。中国生产供应世界 90% 需求,改革开放前后是中国出口创汇最大主力之一。而当时的苏联则是全球最大进口国,但中苏两国贸易条约长期固定不变,相互关系又十分僵化,双方无法直接谈判交易钨矿金属,均经伦敦金属贸易商买断中转。首先委托历史悠久信誉卓著的老牌犹太人布伦戴士金属贸易集团,于是成为主要专业中介。

我刚加入布伦戴士集团,就紧急出差伦敦,选带中国最好的茶酒极品龙井和顶级茅台,初次见面,礼轻意重。清晨飞抵,直奔总部,与老外主管在高层会议室集合:欢迎中国矿业公司常驻伦敦代表,斟上极品龙井茶,他品尝之后由衷赞好:"多谢您从香港专诚带来我们家乡名牌好茶,在这里喝不到。"谈判中间休息,我下楼向总部其他同事问好,看到大会议室坐着苏联进口公司专程来访代表团,已在享用伏特加酒配鱼子酱。

两处分开,三方背对背国际贸易谈判,开始买卖要价差距极大,后来逐步克服分歧,数量逐级倍增数千吨,才能考虑"特大数量优惠价格",最后终于成交签约大合同。我与总部老总宴请中国代表,敬上顶级茅台,祝贺签约精钨合同。我们老外老总也开了顶级伏特加酒,但中国代表说:"我们还是喝中国国酒,张总专诚从香港亲自带来，我们借花敬佛，一起干杯，衷心感谢你们大力支持签成我们中国精钨出口大合同！"

不久之后，这次购买中国精钨出口大额创汇，促成我们能向中国销售铜、铝、镍等基本金属大宗商品更大合同。

*　　　　*　　　　*

钒——合金具有最佳延展性，既刚硬又柔韧，既耐高温又抗高压，更抗高腐蚀，最适合用作高级特别极硬管材，包括汽车排气管（正是福特创造美国汽车王国的成功秘诀）、钻油井油气管道，甚至最高顶级枪管炮膛。

中国刚改革开放时，国产钒仍用部颁标准，尚未达国际规格，不能出口创汇。中国钒厂厂长是中国行尊专家，请我们布伦戴士总部尽力转来国际标准详细规格，并邀请他去伦敦参加国际钒专业技术交流会。他多要两份请柬签证，因为当时规定出国至少三人同行以便互相照应。我答应他："子曰'三人行，必有我师焉'，三人同行必须有您才有我开展中国钒出口贸易的老师。"厂长当时因为初次出国签证极其严格，恐怕耽误开会，听了转忧为喜。

中国钒专家一行三人，终于初出国门，首次参加国际钒技术专业会。厂长"大有收获"：回国随即改进钒厂工序设备，提高产品质量包装，迅即达到国际标准。厂长支持介绍我登门拜访中国主要钒厂，签约试购初次出口，走出国门进入世界，价廉物美旗开得胜。我们抓紧商机，联签数年承包中国钒厂出口长期大合同，结果成为中国当时新增出口金属创汇宝贵主力，也为世界钒市场增添新兴产地中国价廉物美生力军。

合金国际大会在欧洲聚会,邀请我专题演讲对华金属贸易。来自世界各国专业行家参加行业聚会通常大都各自场外分别洽谈业务,这次罕见数百上千金属世界精英专家坐满会场都来听讲,热烈鼓掌表示赞同热切期待:"中国终于改革开放发展经济,首先大力开发金属原材料生产工业,势必为金属世界大市开创金属矿产新兴发展大国的蓬勃商机:中国不仅是出口各种金属矿产的极其重要新兴产地,而且更是进口各种金属的空前庞大消费市场——拥有全球最多人口10亿消费者!"

＊　　　＊　　　＊

中国改革开放最高领袖邓小平言简意赅:"中东有石油,中国有稀土。"

稀土元素在地壳含量最为稀少,所以最后才被人类发现分离出来,但其极其特别超级性能立即获得科技精英高度重视,称为"二十一世纪新金属"。虽然"物以稀为贵",但只需加入极其微量稀土,就能极大优化各种金属等原材料质量性能超越原来极限,所以又称为"未来高新科技的维生素"。用来精制各种超磁、超导、超音、超高压、超真空等等超级新材料,专门用于太阳能源、太空宇航、国防科技、战略军工、精密仪器、手机电脑等最尖端高新科技工业领域。

中国最初从西方美欧进口稀土。衷心感谢中国地质勘探专家同行,历尽千难万苦,跋山涉水,终于在中国北方内蒙大漠和南方荒山野岭,分别发现轻稀土矿和重稀土矿,蕴藏丰富,品种齐全，终于促成中国"得天独厚"，成为稀土世界大国。

我们法铝普基集团，作为西方金属综合性集大成工业贸易集团，也曾向中国采购钐、钕、镨等稀土原料，到我们集团瑞士分厂，在恒温恒湿特别车间中，加工制造永磁材料，专门用于各种永磁精密仪器，电磁信号控制系统，甚至高保真度音响设备。这个瑞士分厂随着全球化，也已脱离我们法铝集团，曾有报道：该厂感谢中国稀土价廉物美，确保供应按约交货，甚至赶货空运，促成该厂生产成本最小化，产品质量最优化，售价创利最大化，"按投资回报率计算，独占整个集团鳌头"。

世界稀土蕴藏，美国、俄罗斯、澳洲等分别各占15%、20%、10%，合共45%，但都已经开始保护本国资源环境，先后停产封矿。中国稀土矿藏只占36%，却出口供给全球97%需求。而且中国开发稀土矿产，发展太快太分散，起初入行门槛太低，很多乡镇私人小矿，缺乏监管无序乱挖烂采，低效浪费资源同时严重污染环境，相互恶性竞争削价出口，结果变成行业笑话"白菜价廉卖白金"。

中国加入世界贸易组织，遵循世界贸易规则，确保资源环境"持续发展经济"，决定效法西方。纠正过去粗放低效廉价出口稀土70%以上初级矿产；改为加强监管，提高进入门槛，关停并转落后污染小矿，改组并入大型厂矿，综合利用提高效益保护环境。而且强调自用为主，转型高增值深加工发展高新科技稀土成品；同时继续适量出口稀土，也才能提高中国在国际稀土市场的话语权和定价权。

中国监管限制严重紧缺或耗能过高或污染过多的矿产资源，首先保障本国自用转型升级深加工高增值产品，同时继续适量出口，正是为了确保合理利用有限资源保护环境，才能长期稳定持续发展世界经济。

第七章　中西合作　世界大同

千禧递嬗,世界空前和平稳定持续增长繁荣,也许盛世缺乏居安思危,甚或物极必反盛极而衰;世纪交替,全球第一强国霸主美国竟然惨遭"911"恐怖袭击,世界各国同声谴责恐怖主义,拥护美国发动反恐战争,影响普及全球。

随即同时同地,2001 年全美第五大安然集团破产,是美国有史以来最大破产案。这家全球最大能源公司,总资产高达 1010 亿美元,华尔街上市股价在 2000 年 8 月涨到每股 90 美元。安然原来主要经管天然气管道,过去靠美国能源政策获得垄断高利,但近年自由市场竞争剧烈已难获利;就改玩财技:不断收购合并跨国公司,特别是金融财务、金属期货、网络交易等国际企业,共有 3000 家子公司,遍布全球。包括用 300 亿英镑巨额收购金属行业龙头西德冶金集团,随即发起安然网上交易,挑战伦敦金属交易所。安然号称全球最大金属集团,2001 年交易 1000 万吨各种金属,同比急增二倍,但盈利停滞。安然集团弄虚作假夸大盈利，扩张过快风险失控，2001年初开始巨亏，股价剧跌99.8%，到年底只有0.2美元，共亏损500亿美元。但最高董事主管仍按60～10美元出售认股权共100亿美元，竟又提前分到年终花红1亿美元，随即纷纷垮台。当初美国政府高官、工商管理专家、媒体评论专栏、各大银行基金，全都一致推崇安然集团"领导有方，管理创新，增值巨大，堪为楷模"；如今竟然反问："谁在当初就有本事看出这位国王没有穿衣服？我想没有吧。"安然集团破产，还拖垮了其核数审计公司安达信（当时世界三大会计事务所之一）。

如果"911"事件在政治军事方面震惊世界，必须重新估价调整冷战结束10年以来世界和平共处秩序；那么"安然事件"是经济金融方面的"911"事件，须要重新检查确认世界大战结束50年以来世界财经金融会计核数秩序，是否相信经过核数公司查账确认的上市公司财务年报，作为公众投资买卖股票的依赖资料。

美国政府当即重新立法，严格监管上市公司核数审计，公司年报必须由主席和首席总裁及财务总裁连同审计师正式签字："依法确认所有内容数据金额价值，经过审核全部属实"，如做假账，弄虚作假，漏报瞒骗，可判最高20年长期监禁。

然而，美国多年以来缺乏严格监管市场经济金融体制，已经种下隐患。"911"事件以后首先确保大量财力物力人力支持反恐战争，不仅没有加强监管收紧银根，反而连年继续20次不断减息到零（原来就无储蓄传统，如今更不存钱银行）；放任国家加印纸币大发国债大量赤字财政；放松银根鼓励民众大刷信用卡"先用未来钱"超量消费赤字外贸；甚至不够资格不需首期就给按揭购买房地产，而且这种按揭"次级房贷"由美国各大银行包装成优级债券分发全球。2008年末爆发华尔街金融海啸，席卷全球各国经济，导致世界空前衰退。

对比上述安然资源集团破产，这次美国金融海啸，拖垮全球顶级银行、保险霸主、房贷财团，都是"太大不能倒"，当然规模更加空前无比庞大，性质更加空前无比严重，影响更加空前无比深远。世界各国中西双方，已有很多专家学者从市场经济、金融财务、内外债务、房贷按揭，到股票基金、衍生产品等等，专门论述，详细分析，拙作在此不再重复赘述。

本书只说金属资源等大宗商品，历来注重供求关系和生产成本等"基本因素"决定价格，价格波动幅度在百分比内，倍增翻番或暴跌一半已达极限。然而，世纪交替，"价格冲破历来走势图顶极限必须重新制图"，因为美国西方低息到零迫使人人提出银行存款变成游资热钱，争相炒作股票房地产等，尤其是基本金属等大宗商品。如铜价，历来在2000美元左右区间，大部分时间窄幅波动；但世纪交替，从2001年历史低价1336美元，短短数年竟然无数次狂升屡创历史新高，又无数次暴跌，屡次跌破近年谷底。2011年春再创历史新高10190美元。铜价高低相差竟达7.6倍（甚至超过纯投资金属黄金同期也才6倍；仅次于最大宗商品石油最高价每桶147美元泡沫，爆破时美联储调查报告纽约期货市场96%均非实际需求，都是投机炒作）。

这些投机炒作虚拟交易早已远远脱离供求关系生产成本等基本因素，不仅大大扭曲实际商品的基本价值，而且价格如此大起大落必然造成市场极其动荡不安，甚至影响实体经济根本基础动摇不稳。所谓"全球化"使全球各行各业日渐趋向主要跨国大公司集团寡头垄断资源，强横霸道世界市场话语权定价权；所谓"虚拟化"使各大宗商品从实体货物工业原料，日益变成融资载体、投资工具、博弈筹码。西方媒体起初还泛称为"非基本因素"，后来干脆直指狂印纸钞"量化宽松"流通过剩"投机因素"，过多纸币追求有限实体经济实物金属。难怪中国行业专家忧心忡忡："这种虚拟交易虚拟经济，岂不成了全球超级大赌场？"必然动摇实体经济更加虚弱，冲击金融海啸更加汹涌，危害债务危机更加危险，恶化全球衰退更难复苏。

美国凭借美元是全球主要国际贸易、结算、储备货币，公然宣称"美国发债绝对不会违约，因为可以尽量印发美钞纸币"。但是欧洲就不可能过量印发欧元纸币，所以这次欧债风险空前极大，德国和法国竭尽全力联合欧盟再三挽救欧债，迄今远未脱险。

遗憾有些国家政府高官只求连任不负责任过度负债过高福利讨好选民：上层损人利己贪享福利，中下层也好逸恶劳，每周工作6天早已减到5天甚至要求4天，每天工作8小时再减到7小时甚至还要再减，退休年龄从60岁提前到50岁甚至更早，而所有工资福利退休待遇则有加无减。基数已经很高，不管当时经济繁荣还是衰退，不理当地通货膨胀还是收缩，不论国家财政结余还是负债，仍然只能递增绝不减少。近年趋向恶性示威罢工，坚持大幅加薪福利，逼得厂方实在无法再加，劳资双方僵持两败俱伤：工厂被迫宣布破产解散，劳工也即全部遣散失业。恶性聚众上街示威，难免触发暴力冲突，连主要收入来源外国游客也裹足不来，最后拖累整个国家濒临破产绝境。难怪西方大哲痛心疾首哀叹："以往曾经辉煌灿烂的历史文明都已烟消云散，唯有太阳仍从东方升起……"，夕阳残照名胜古迹，留下废墟断柱颓壁，只供游客凭吊缅怀奠基西方文明的先哲前贤，空让后人追思怀念开拓古代帝国的先烈英魂……

*　　　*　　　*

忆古思今，比较中西。中国仍旧强调实体经济确保实质增长：一方面收紧银根，防止通货膨胀，冷却过热房地产；另一方面扩大内需，鼓励消费；尽量抵消历来主力出口，无法独善其身，必定首当西方衰退冲击。中国建设大批保障住房，健全广大农村电网，鼓励家用电器下乡，优惠节能新车取代旧车等等，都直接支持铜铝锌铅镍锡等基本金属工业生产，工人就业，市场消费，经济增长。同时强调稳定铜铝等大宗商品价格，保障供求平衡，防止过度投资投机炒作，才能确保实体经济增长，克服世界空前衰退，切实稳定逐步复苏。

中国铜、铝、锌、铅、镍、锡等基本金属行业，中流砥柱，力挽狂澜，克服美欧金融海啸席卷全球空前衰退，持续稳定增长，2011年同比分别增产14.2%、11.2%、3.8%、12.5%、34.4%、4.9%，均创金属产量历史新高518万吨、1756万吨、534万吨、473万吨、28万吨、16万吨。新世纪长期保持金属世界第一进口消费使用大国和加工制造成品出口大国。2011年从世界各国主要是亚、非、拉、太洲，包括最不发达国家，持续进口基本金属原料综合高达：铜精矿和金属及废料甚至材料1513万吨、铝土矿和废料及氧化铝和铝金属5032万吨、锌精矿及金属344万吨、铅精矿及金属145万吨、镍矿及金属4827万吨、锡精矿及金属5万吨，在此时此地全球空前衰退艰难时世，为世界金属工业继续发挥强大复苏动力，并作出巨大实际贡献，确实可喜可贺，更加难能可贵！

与此同时，更需盛世危言：中国十大有色金属工业已成世界第一生产消费大国，但确保持续稳定发展循环经济存在四大问题：矿产资源日趋严重短缺，铜铝锌铅镍锡等基本金属70%～30%以上依赖进口资源，资源利用率60%，比发达国家低10%～15%；共伴生矿综合利用率仅40%，比国外低20%；部分矿场秩序混乱，乱采滥挖，采富弃贫，屡禁不止，严重浪费资源；再生资源比例低，铜铝国内回收仅1/3，依赖进口2/3。能耗偏高，污染仍大……采矿冶炼初级产业和金属加工制造二级工业，已是世界第一，但也付出环境水土空气污染和贫富悬殊种种重大代价，急需尽快转型升级深加工高科技高增值产业。

中国强调对外贸易投资，要从以往"请进来"，转型改为"走出去"。

中国一直努力争取收购兼并外国金属厂矿，克难攻坚取得进展。本书前文提及：值得借鉴"金砖"兄弟国印度和巴西，"他山之石，可以攻玉"（俄罗斯和南非是资源大国）。

兼并资源厂矿都是长期投资，切忌"压价过低敌意吞并"（如美铝敌意收购加铝，结果坐失良机），势必逼得对方千方百计反抗抵制（以免一被收购即遭解雇遣散）。泱泱大国，既有备而来略高竞价"善意收购"，又"强龙不压地头蛇"主动诚邀对方主管继续职责，必然获得对方积极响应诚信合作（如东方兼并西方龙头成为全球钢铁霸主与世界最大铝轧厂仍由对方西人总裁管理整个集团，又如南美收购北美国际镍公司成为全球铁镍铬矿霸主仍由对方总裁管理镍业）。中国专家忠告中方"走出去"收购兼并外国厂矿，应从"财大气粗"改为"财稳气和"、"以和为贵"。

既然诚信遵循国际公法收购兼并规则，就能澄清消除外界所谓"中国威胁"之类误会误解甚至压力。典型例证：正处美国反恐战争焦点中心，阿富汗新政府公开招标国际竞投世界最富铜矿资源之一，综合开发建设整个社区超大项目，包括煤矿、发电厂、基础交通公路铁路设施、铜矿、冶炼厂、当地居民社区，甚至穆斯林教堂。中方出最高价，击败美国、西欧、俄罗斯等强大竞争对手，赢得招标。毋庸讳言，有人抱怨："美国花费大量人力物力财力在阿富汗打反恐恶战，付出重大代价；而中国却获得最大实利。"这种低级议论毫无理据，必遭主流媒体驳斥"妖魔化政治化"国际竞投公开招标。中方投资42亿美元，排除万难，履行合同，按约进展，抓紧投产，已经开始产铜运回中国。

西方路透社2011年报道2010年全球收购兼并矿业资源：买方78%仍是北美和澳洲资金；中国资金只占6%。中国过去10年收购兼并矿业，绝大多数在中国境内，只有16%资助周边邻国小矿分享矿产，很少控股。西方显然毫无根据过分夸大所谓"中国威胁"企图囊括全球矿产资源。

　　长远规划金属资源，当然必须开源节流。全球金属资源，尤其是铜金银锡等贵重金属资源和稀土等稀少矿产，已经日趋紧缺甚至枯竭。美欧西方尤其日本，早已开始探讨未来种种设想：从目前地壳表面开矿到将来挖进地层深处；深海海底开采（日本已说有稀土）；甚至太空月亮外星……

　　提倡创新，仍须扎根现实。地球人类首先必须同舟共济爱护地球村。切实实行全球监管节能减排，尽力控制全球暖化，充分提高综合利用矿产资源，大力完善循环再生金属机制，才能确保最佳循环效率更高经济效益和更好社会效果，同时齐心协力保护水土空气地球环境。

　　金属世界全球同行主动积极创新科技发展：在铝生产工业领域，法铝普基领先全球高电流低电耗均磁衡预焙电解槽密封阳极炉的整套冶炼技术，从30万安培继续升级到50万安培，已在非洲最新大铝厂投产，获得空前成功，大幅降低能耗同时减少排放促进环保，为世界铝业作出巨大创造革新贡献，留下宝贵工业科技遗产。在铜加工领域，中国自主创新改进空调机热交换铜管，控制管壁超前更薄，不仅节省贵重铜材，而且提高热交换效率，获得空前成功，已经实际取得更高经济效益和更好社会效果。

　　铜铝等基本金属行业，均在热切期待专业精英科技人才，克难攻坚创新，从量变到质变，取得更大突破。香港大学荣誉校长高锟教授，毕生研究发明光纤电缆，被誉为美国爱迪生世纪发明铜线导电以来最大创新突破，荣获诺贝尔科学奖：超前极大提高了通信速度效率，取代节省了极其大量贵重铜线铜缆，当然意味着铜业从此失去了相当巨大的市场利润。然而，造福全球节能减排，保护环境，确信全球铜业同行都乐于共同衷心恭贺致敬：世界因你而更美丽！

后 记

本书所记中西金属贸易，难免专门甚至冷门，承蒙读者不嫌简陋翻阅。最后诚作小结：中国人文历来崇尚"民以食为天"，甚至升华成"治大国，如烹小鲜"。当今世界日益注重健康美食，最能达成中西认同共识：饮食文化最能体现政治经济大势、社会生活水平、人民文化素质。

中西历史文化误会，并非只限于普通平民百姓，甚至有些国家领袖主管外交也会完全误会。清朝洋务大臣李鸿章率领中国代表团访问英国，英方主人戈登将军盛情款待，选赠礼物是世界宠物比赛冠军名犬；岂料收到李鸿章来信衷心致谢："承蒙馈赠，感激之至！吾已年老，进食不多，唯所送礼，确是难得美味。"

* * *

笔者亲历中西金属工业贸易长期友好合作共赢，也颇有幸欣赏中西饮食文化精髓。西餐之中，当然首推法兰西大餐。我带中国铝业代表团访问法铝巴黎总部，法国老总欢迎晚宴，推荐头盘名菜"牛之美味",并请我们逐一分辨。碟上分列五条小食,形状颜色香气味道各不相同。我一边品尝,一边试猜:"有纹软骨嚼得香脆,这是牛耳;白色软膏滋味鲜美,这是牛脑;透亮膏肉丰腴不腻,这是牛鼻;深色瘦肉味道腍熟,这是牛舌;浅色瘦肉味感爽美,这是牛面(粤菜称为爽肉)。"法国主厨大师,穿着雪白长袍,戴着雪白高帽,亲来欢迎贵宾,听了肃然起敬:"先生您是第一位外国人如此欣赏我们法国经典名菜,一一分辨解析其中滋味,又能全部估中讲对。啊,您是中国人,来自东方文明美食大国,果然如此识得欣赏我们西方法兰西美食。佩服,佩服,真是太感谢了。"品尝美味,人性一乐,欣赏美赞,人生一快。齿颊余香犹在,噩耗已经传来:据说"疯牛症"病源就在牛头牛脑,而且潜伏期长达10年;"口蹄疫"更有口鼻舌起泡症状,已从英国、法国向全世界蔓延,先得领会西式幽默,才能欣然回味一笑。

* * *

东方美食,当然首推中国大餐。中国铜业长期友好合作大客户专诚邀约宴请,预选天时地利人和"拼死吃河豚鱼":天时选春意盎然之际,清明雨季之前(即河豚鱼正当长熟肥美,但到清明则毒超标);地利选江苏长江南岸,常州发展新区(野生河豚鱼最佳捕区,专业杀鱼安全烹饪);人和由铜杆龙头老总召集,金属行业各路英雄聚会(老总德高望重,我刚请他远访世界铜王智利国铜回来)。主宾坐满整大圆桌,相互敬酒已过三巡,按先后次序端上三道主菜"长江三鲜":首先是红烧野生鮰鱼,肉质肥美嫩滑,入口即化自由落体;接着是清蒸野生刀鱼,滋味鲜甜回甘，软骨如翅松脆嚼落。

主人请厨师端出刚杀好洗清的河豚鱼，当场以身试法，吃下接近心肝生鱼。再请我作为贵宾上前，问他尊姓大名如何称呼，府上来自何处仙乡，专业厨师已有多久。他一身当地农装，满口本地乡音，专业已数十年，自然安全可靠啦。过了20多分钟，看来厨师站得很稳，神态自若，对答如流，丝毫没有神经中毒麻痹迹象。但满堂宾客不知是真要更加安全防毒，还是故意起哄热闹："20分钟太短，我们安全第一，请张总继续和厨师再讲10分钟！"

我又问厨师家中亲人安好：他上有长寿老人，中有原配夫人，下有读书孩子，全家平安健康，应该更加安全了。终于宾主放心满意，热烈鼓掌感谢厨师高超专业烹调，让他回厨房煮鱼。主人殷勤劝酒，客人纷纷回敬，酒逢知己千杯少，主客不禁醉意醺醺。待到河豚鱼大锅端上席来，主人举箸邀请品尝，客人不再客气，立即席卷一空。现在一字字用心写出来当然很慢，当年一匙匙用口吃下去似乎太快，可惜来不及细细咀嚼慢慢品尝，只觉得鱼味极其甘纯，鱼汤无比鲜美……

张伟杰 2012年春节于香港

图书在版编目（CIP）数据

金光大国：亲历中国金属大国崛起 / 张伟杰著.
—北京：中央编译出版社，2012.8
ISBN 978-7-5117-1111-3

Ⅰ.①金…
Ⅱ.①张…
Ⅲ.①金属工业—国际贸易—研究—中国
Ⅳ.①F752.654

中国版本图书馆CIP数据核字（2011）第231120号

金光大国：亲历中国金属大国崛起

特邀编辑：王依民
责 任 编 辑：侯天保　隋　丹
责任印制：尹　珺
出版发行：中央编译出版社
地　　　址：北京西城区车公庄乙5号鸿儒大厦B座（100044）
电　　　话：(010) 52612345（总编室）　(010) 52612311（编辑室）
(010) 66130345（发行部）　(010) 66509618（读者服务部）
(010) 66161011（团购部）　(010) 52612332（网络销售部）
网　　　址：www.cctphome.com
经　　　销：全国新华书店
印　　　刷：
开　　　本：787毫米×1092毫米　1/16
字　　　数：113千字
印　　　张：11
版　　　次：2012年8月第1版第1次印刷
定　　　价：68.00元

凡有印装质量问题，本社负责调换。电话：(010) 66509618